本书系教育部人文社科青年基金项目"'地区税负差异之谜'与企业投资：基于开发区准自然实验的研究（批准号 21YJC630105）"的研究成果

治理与激励：增值税影响公司财务行为的逻辑

彭 凯 著

中国财经出版传媒集团

经济科学出版社
Economic Science Press

·北京·

图书在版编目（CIP）数据

治理与激励：增值税影响公司财务行为的逻辑/彭
凯著 . -- 北京：经济科学出版社，2024.1
ISBN 978 - 7 - 5218 - 5611 - 8

Ⅰ.①治…　Ⅱ.①彭…　Ⅲ.①增值税 - 影响 - 公司 -
财务管理 - 研究　Ⅳ.①F276.6

中国国家版本馆 CIP 数据核字（2024）第 018547 号

责任编辑：谭志军
责任校对：王肖楠
责任印制：范　艳

治理与激励：增值税影响公司财务行为的逻辑

彭　凯　著

经济科学出版社出版、发行　新华书店经销
社址：北京市海淀区阜成路甲 28 号　邮编：100142
总编部电话：010 - 88191217　发行部电话：010 - 88191522
网址：www. esp. com. cn
电子邮箱：esp@ esp. com. cn
天猫网店：经济科学出版社旗舰店
网址：http://jjkxcbs. tmall. com
北京季蜂印刷有限公司印装
710 × 1000　16 开　13.75 印张　250000 字
2024 年 1 月第 1 版　2024 年 1 月第 1 次印刷
ISBN 978 - 7 - 5218 - 5611 - 8　定价：68.00 元
（图书出现印装问题，本社负责调换。电话：010 - 88191545）
（版权所有　侵权必究　打击盗版　举报热线：010 - 88191661
QQ：2242791300　营销中心电话：010 - 88191537
电子邮箱：dbts@ esp. com. cn）

　　增值税是世界范围内盛行的税种，也是中国第一大税种，本书对增值税与投资的关系进行了探讨。长期以来，学者们对税收与投资的关系存在广泛的争议，而增值税作为一种间接税，如何影响企业微观层面的投资行为是一个"谜题"。

　　基于对既有研究的梳理，本书认为该领域的研究主要存在两个难题：企业增值税的税负究竟如何变化；如何识别、确认这种税负变化与投资之间的因果关系。第一个问题也是众多学者们存在争议的关键，即增值税税负在近年来减税趋势改革下究竟如何变化，进一步地，这些改革举措是否存在减税效应以刺激企业投资。由此，本书的整体研究思路是首先探讨增值税税负的影响因素，然后研究增值税遵从对企业财务的治理效应，最后利用中国增值税领域两次改革——2004—2009 年增值税转型和 2012—2016 年"营改增"的自然实验机会，采用双重差分法探讨增值税税制改革对企业投资的影响及增值税的激励效应如何发挥作用以识别二者因果关系。

　　具体而言，本书探讨了以下四个问题：第一，增值税的税负变化有哪些主要影响因素？本书对增值税的可抵扣范围设计和税负转嫁能力如何影响微观层面企业增值税有效税负进行了探讨。本书获取了 2003—2016 年中国 A 股上市公司数据，检验发现企业人力资本支出占比越高，即可抵扣空间越低，增值税实际税负就越高；企业前五大客户和供应商集中程度越高，即企业面临的客户压力和供应商制约程度越高、税负转嫁能力越低，企业增值税实际税负就越高。值得注意的是，在一系列的异质性检验中，可抵扣空间对企业增值税有效税负的影响并没有因产权性质、行业、地区、税收征管强度及产业互联程度的不同而产生差异，说明这种影响是税制设计造成的普遍影响。而在供应商和客户两方面的税负转嫁能力上，企业面临客户压力未表现出异质性，而对供应商则表现出了较强的异质性：供应商集中度越高、企业对供应商议价能力越弱，即税负转嫁能力越弱，从而有效税负越高。进一步研究发现，2012—2016 年实施"营改增"后，服务业企业整体税负没有显著增加，但人力资本较高的服务业企业税负却显著上升。

第二，增值税的治理效应如何体现？增值税不仅与其他税种具有共同的外部监督功能，还可能存在与企业所得税不同的独特的影响机制和约束效果。增值税税制设计将供应商—客户形成环环相扣的抵扣链，这对企业财务会计行为具有激励性和约束性。本书间接估算了 2003—2017 年中国 A 股上市公司增值税实际税负，通过估算的增值税税负除以现金流量表中的"支付税金"来衡量增值税遵从程度。检验发现，在其他条件相同的情况下，增值税遵从程度越高，应计盈余管理和真实盈余管理的操纵行为受抑制程度越大。机制检验表明，增值税遵从沿客户—供应商关系传递而具有激励性，从而制约了企业盈余管理行为，但增值税遵从链条的完整性会影响其约束效应。

第三，2004—2009 年增值税转型是否影响企业投资？本书获取了 2003—2011 年中国 A 股上市公司数据，采用双重差分法检验发现，增值税转型刺激了制造业企业的投资，房屋建筑物和生产经营设备的新增投资均显著上升，其机理在于税负可抵扣范围的扩大降低了增值税有效税负。本书还检验发现国有企业比非国有企业新增投资更多、东北和中部区域新增投资更多，而不同税收征管力度对企业新增投资未表现出异质性。本书进一步对增值税转型的传导机制进行探讨，发现可抵扣空间和税负转嫁能力制约着增值税转型的减税刺激作用。

第四，2012—2016 年"营改增"是否影响企业投资？本书获取了 2003—2016 年上市公司数据，首先对已有研究结论进行再验证，得出与范子英和彭飞（2017）、申广军等（2016）的研究结论不一致的结果：增值税有效税负越高，企业固定资产新增投资反而越多。本书更细致地发现生产经营固定资产和非生产经营固定资产受到相反的影响：企业房屋建筑物类固定资产新增投资与增值税有效税负正相关；企业机器设备类固定资产新增投资与增值税有效税负负相关。这说明增值税与投资存在内生性。由此，本书主要采用双重差分法考察 2012—2016 年"营改增"税制变化对投资的影响，发现服务业企业新增固定资产投资整体规模下降，其中生产经营类设备投资较房屋建筑物下降更加显著。本书还对产权性质、区域和税收征管力度进行了异质性检验，发现非国有的服务类企业房屋建筑物新增投资下降显著，国有的服务类企业房屋建筑物未显著下降，而国有和非国有企业的生产经营类固定资产新增投资均显著下降。东部区域的服务业企业较其他区域新增投资下降更显著，征管力度弱的企业投资下降显著。本书还进一步从增值税税制设计的两个因素——可抵扣空间和税负转嫁能力出发探讨了宏观上税制变化影响企业投资的传导路径，发现"营改增"政策效应的关键在于企业能获取的可抵扣空间和税负转嫁能力的高低，可抵扣空间较高、税负转嫁能力较高的服务业企业在"营改增"后增加了设备投资，反之则降低了设备投资。

基于上述检验和研究发现，本书的主要结论如下。

第一，增值税是一种抵扣设计的间接税，除既定的税率外，在微观层面企业所能获取的可抵扣项和税负转嫁能力是增值税的两个主要影响因素。可抵扣范围设计是由税制设计层面决定的、具有普遍性的影响因素。而税负转嫁能力要考虑客户和供应商两端，由于企业对客户的税负转嫁能力较弱，因而企业通常选择向供应商转嫁增值税。本书还认为"营改增"后，人力资本支出无法抵扣成为影响服务业企业增值税的重要原因。

第二，在同等情形下企业缴纳的增值税占所有税收比例越高，即嵌入增值税遵从链条越深，应计盈余管理和真实盈余管理的操纵行为受抑制程度越大。增值税遵从的独特作用机理在于进项税抵扣设计激励企业向供应商索取发票而形成约束，因而增值税遵从的治理效应沿客户—供应商关系传递。进一步研究还表明，"营改增"使服务业企业信息质量有所下降，原因可能在于人工成本无法取得进项税抵扣导致增值税税负上升，这说明抵扣链的完整性影响了增值税遵从的约束效力。

第三，增值税从生产型向消费型转变的实质在于将增值税可抵扣范围扩大至生产经营类固定资产，而不对税率作出调整。对制造业企业而言，购买投资品的计税基础较之前下降，可以降低了投资成本，进而刺激了企业投资。因此，这次改革的传导路径主要是通过扩大可抵扣空间降低计税基础从而影响投资，增值税转型的受益对象主要是制造业企业。

第四，"营改增"期间服务业企业新增投资受到了抑制，而宏观上"营改增"税制变化对企业微观层面造成影响的关键在于可抵扣空间和税负转嫁能力两方面。在现行税制框架下，税制设计上对可抵扣范围的规定是普遍的、一致的影响因素，其中人力资本投入占比较高的服务业企业由于税负上升，投资受到抑制。而税负转嫁能力较弱的企业由于无法获得"营改增"政策红利，税负不降反升，从而没有足够的动力增加企业投资。因此这次改革期间，服务业企业由于可抵扣空间的限制未充分受益。但本书也强调，"营改增"的政策效应应该是长期的，受限于本书所取得的数据和样本，"营改增"政策的长期效应仍有待研究。

本书的主要贡献和创新如下。

第一，本书从宏观和微观两方面探讨了增值税税负的主要影响因素。具体而言，本书揭示了增值税税负如何受可抵扣空间和税负转嫁能力的影响。对这一基础性问题的探讨有助于理解增值税与企业投资的关系。

第二，本书从税制设计出发揭示了增值税遵从的独特机制在于形成客户—供应商约束链，使外部税收监督具有了自发的激励性与传导性。这为理解增值税改革对公司财务信息的影响提供了借鉴。

第三，本书首次通过对中国增值税领域的两次主要改革进行比较分析，厘清了增值税改革对企业投资政策效应的传导路径。本书支持了减税对投资的刺激作用，但更细致地发现增值税的刺激作用主要体现在生产经营类固定资产上。增值税改革激励作用的传导路径受税制设计上可抵扣空间和企业自身的转嫁能力两方面的制约：前者具有普遍性，而后者则突出地表现为向供应商而非客户转嫁增值税税负。

第四，值得注意的是，"营改增"后服务业企业人力资本不得抵扣的税制设计成为了增值税突出的影响因素，这削弱了"营改增"对现代服务业的政策效果。本书的研究结论为正在深化的增值税改革在微观视角上提供了丰富的参考。

CONTENTS ▷

目　录

第一章 导 论

第一节 研究背景

一、世界范围内的增值税

增值税是法国经济学家莫里斯·劳雷（Maurice Lauré，1954）于 1954 年提出的。增值税是对生产、销售商品或提供服务实现的增值额进行税负征收的一个税种，1954 年在法国首次推行，在其他国家被称为商品及服务税或消费税。从 1990—2007 年，采用增值税的国家和地区从 47 个迅速增加到 140 多个（Bird & Gendron，2007）。截至 2015 年，全球已经有超过 160 个国家和地区开征了增值税（Value Added Tax）或商品服务税（Goods and Service Tax）。增值税已成为多数国家的主体税种。它的基本原理是把企业实现的增值额作为计税基础，逐个环节征税、抵扣。我们首先对几个主要国家实施增值税的情况进行介绍，为后面对中国增值税税负与企业投资的研究提供借鉴。

（一）主要发达国家实施增值税的情况

德国和澳大利亚是实行增值税的代表。德国增值税的征收权力是由其《基本法》第 70 至第 74 条确定，其中规定，只有联邦享有在全联邦范围制定一致的、同样的方式的专有立法权，如货物自由流通。所以德国从宪法上确定增值税征收权在中央。

但德国增值税是由联邦、州和地方共享①。德国《联邦财政平衡法》规定了联邦与州之间财政转移支付的比例，对增值税的分配做了细化规定。扣除 5.63% 用于养老保险后，剩余的 94.37% 共享。联邦政府、州政府、地方政府分别享有 49.6%、50.4% 和 2.2%。由此可见德国增值税的实施严谨、公平、细致。

澳大利亚于 2000 年开征的增值税，被称为货物服务税。澳大利亚宪法规定联邦政府和州政府征税权独立，但仅联邦有权征收销售税和生产税。澳大利亚联邦政府在增值税开征之后的前 3 年，为州政府提供短期无息贷款。在税收收入共享上考虑人口数量、财政需求以及某些特殊需求，同样对各州进行转移支付。

美国并未推行增值税，一个重要的原因是美国联邦制所形成的联邦与州的关系。联邦与州之间的权限划分得极其明确，任何一方都不得干预另一方行使权力。因此，与德国、澳大利亚各州的征税权不同，美国宪法规定联邦和州的税收立法权独立行使，并形成了独立的税收来源。美国联邦政府的主要税收收入是直接税，州政府是销售税。目前，美国有 45 个州征收零售税，这种零售销售税②与中国曾经实行的营业税类似，也就是说美国各州对销售税的征税权更加独立且销售税已经构成州主要财政收入来源。

（二）主要发展中国家实施增值税的情况

不同于德国和澳大利亚，印度的增值税比较复杂。目前印度在服务流通、货物制造加工、货物流通上主要有五类流转税。第一，在服务流通和货物制造加工上，由中央政府征收服务税和中央增值税。第二，在货物流通上比较复杂，跨州的销售由中央政府征收中央销售税，这种销售税仅在单环节征收、不能抵扣；对州内的销售，大多数州征收州内的增值税，在本州范围内可以抵扣。目前印度 29 个州中有 22 个州在州内征收增值税。

---

① 德国《基本法》第 106 条明确规定增值税是联邦、州和地方政府共享税，税收收入由联邦、州和地方三级政府共享。

② 美国的零售销售税类似于中国曾经长期实施的营业税。

印度增值税的复杂状况主要是由中央与地方关系造成的。归纳来看，印度的增值税与销售税（类似于中国曾经的营业税）并行。在服务方面征税权在中央政府，在货物交易方面，货物的加工制造环节、跨州的流通环节，征税权归属中央政府，对货物加工征收中央增值税，对州际的货物销售征收单环节的销售税。地方政府则对在州境内货物销售行为享有征税权。可以看出，印度尚未对货物和服务的全部流通环节征收统一的流转税，这导致不同税种缺乏衔接，重复征税严重，扭曲了市场竞争。

（三）增值税实施的比较

通过对上述主要国家实施增值税的情况进行比较，我们认为增值税的顺利实施需要以下几个条件：第一，在增值税的税权与征管上需要中央政府集中税权。通过对德国、澳大利亚、美国、印度等国的增值税实施情况比较发现，增值税适用于中央政府有能力统一征收的国家，如德国、澳大利亚联邦政府均能由宪法授权统一征收增值税，而美国的联邦制下各州征税权独立程度更高，以至于无法在全国推行。第二，增值税的统一征收需协调中央与地方之间的分配关系。如德国、澳大利亚在统一征收增值税后能够在中央政府、各州和地方之间合理分配财政收入，而美国各州由于征税权更加独立、零售销售税收收入已成独立的税源，这使既有税收分配格局中各州的自主权更大。如果美国联邦政府开征增值税，很难协调联邦和州之间的分配关系。第三，在流转环节，需考虑在全部流通环节中实施增值税，避免与其他税种对同一税源重复征税。如印度，由于增值税的计税基础未能在联邦政府和各州之间实现统一，容易导致重复征税。总体来看，这些国家实施增值税的情况为我们理解中国增值税实施过程的两次重要改革提供了有益的借鉴。

二、中国增值税的实施与两次重要改革

（一）中国增值税的实施

中国在 1979 年试点增值税。1984 年 9 月 18 日，国务院发布的《中华

人民共和国增值税条例（草案）》，标志着增值税作为一个法定的独立税种在我国正式建立。随着社会主义市场经济体制在我国的确立，原增值税已不能适应新形势的要求。1993 年 12 月 13 日，国务院发布了《中华人民共和国增值税暂行条例》，12 月 25 日，财政部制发了《中华人民共和国增值税暂行条例实施细则》，自 1994 年 1 月 1 日起施行。中国的增值税规定了两类增值税纳税人，第一类是一般纳税人，要求年营业额达到一定规模①。对于一般增值税纳税人，计税基础是通常的增值额，即销售总收入与购买物料等投入成本之间的差额。第二类是小规模纳税人，销售额通常较小，其计税基础是销售额，不允许扣除物质投入成本。此外，这两种增值税纳税人有不同的税率设置。一般增值税纳税人的标准增值税税率为16%，对于某些特殊产品（如农产品），税率降低至10%②，而小规模增值税纳税人的征收率为 3%。在中国增值税的实践中，专用发票的基本联为三联：发票联、抵扣联和记账联。增值税专用发票的样式如图 1 - 1 所示。

自 1994 年以来，增值税已成为中国政府最重要的税收收入来源。如学术界和实务界熟知的一个典型事实，税收收入持续了 20 余年超 GDP 增长，如图 1 - 2 所示，从分税制实施的 1994 年后，税收开始迅速增长。众多学者对这一事实从税收征管（高培勇，2014）、分税关系（吕冰洋、李峰，2007；吕冰洋、郭庆旺，2011）角度进行了解释。关于中国税收在分税制以后长期超 GDP 增长的事实，学者们普遍认为征管效率是一个基础性的原因（高培勇，2006、2008）；而中央征收集权程度（王剑锋，2008）和稳定的分权契约关系（吕冰洋，2009；吕冰洋、郭庆旺，2011）进一步提升了征管效率。

---

① 根据财税 2018 年 33 号《关于统一增值税小规模纳税人标准的通知》，从 2018 年 5 月 1 日开始小规模纳税人标准为年销售额 500 万元及以下。此前，根据财税 2008 年第 50 号《中华人民共和国增值税暂行条例实施细则》第 28 条，小规模纳税人认定标准为：（1）从事货物生产或者提供应税劳务的纳税人，年应征增值税销售额在 50 万元及以下；（2）从事货物批发和零售为主的纳税人，年应税销售额为 80 万元。

② 中国增值税税率的演变详见附录，目前大多数制造业行业增值税税率为 16%，服务业行业增值税税率为 6%。

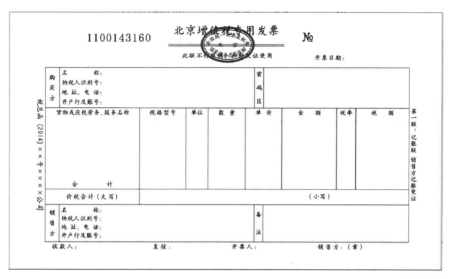

图 1 - 1　增值税专用发票版式

资料来源：国家税务总局全国增值税发票查验平台（https：//inv-veri. chinatax. gov. cn/fpcs/fpbs. html）。

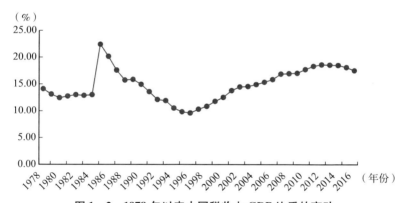

图 1 - 2　1978 年以来中国税收占 GDP 比重的变动

资料来源：国家统计局。

但不可忽视的是，增值税是税收超 GDP 增长中最突出的税种。如图 1 - 3 所示，1994 年国内增值税收入[①]为 2 308.3 亿元，占税收总额的 45%，此

---

　①　由于进口增值税数据的可得性有限，本书仅考虑国内增值税。

后稳步增长，2015 年达到 31 110.95 亿元，占各项税收总额的 25%，2016 年达到 40 712.08 亿元，占各项税收总额的比例上升至 31%。值得注意的是，这一金额远远高于其他税收，例如第二大税种企业所得税 2015 年为 27 133.87 亿元，2016 年为 28 851.36 亿元。事实上，中国增值税经历了两次重要的改革，后面的研究以此为政策背景。

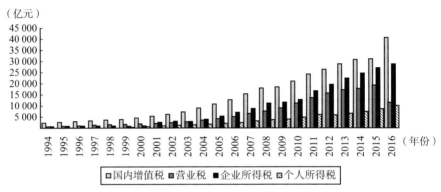

图 1 - 3 1994 年以来主要税收收入变动

资料来源：国家统计局。

(二) 2004—2009 年增值税转型

2004—2009 年增值税转型是分税制以来中国增值税领域的第一次重要改革。在最开始实施增值税的过程中，与许多国家的消费型增值税制度不同，中国实施的是生产型增值税。在消费型增值税的税制设计中，计算增值税可抵扣项时，所有从其他公司购买的货物都可从最终产品的销售额中扣除。但是生产型增值税不允许从增值税计税基础中扣除资本性投入，如生产经营设备。这导致对资本货物的双重征税：对于资本品例如设备制造厂家而言，最终产品销售环节已缴纳增值税，但购买者的中间投入不得抵扣，从而再次对该部分投入缴纳了增值税。

事实上，生产型增值税是中国政府旨在处理两个主要经济问题适时作出的税制选择。由于 20 世纪 90 年代初，一方面政府税收收入占 GDP 的份额持续下降（见图 1 -2），中央财政捉襟见肘；另一方面面临着通胀率的持续上升。因此，中国政府建立了以生产为基础的增值税制度，有助于确保政府税收收入稳定，并抑制企业在当时进行过热的投资（Chen et al.，2013）。自增值税全面实施后的第二年，1996 年政府税收收入增速即超过了 GDP 增长，经过近 10 年的生产型增值税实践和对税收制度的其他结构改革，政府收入迅速增加（见图 1 - 2），也加强了中央政府对财政体系的控制。此后，因为基于生产的增值税抑制了投资，导致企业更新生产设备的成本较高，不利于提高生产率，生产型增值税开始受到越来越多的批评。这促使中央政府启动了对增值税第一次实质性改革，即生产型增值税向消费型转变，这次改革的关键是将生产经营设备纳入可抵扣范围，这个过程从 2004 年东北三省开始，一直持续到 2009 年在全国实行消费型增值税。

（三）2012—2016 年营业税改增值税

然而，与增值税相关的另一问题仍未解决。在 1994 年推行分税制时，除了增值税，同时还有营业税在全国范围并行推广。在流转税环节增值税与营业税并存所造成的另一个更加突出的"重复征税"问题带来的负面影响也逐渐凸显。具体而言，"在中华人民共和国境内销售货物或者提供加工、修理修配劳务以及进口货物的单位和个人，为增值税的纳税人"[①]；"在中华人民共和国境内提供应税劳务、转让无形资产或者销售不动产的单位和个人，为营业税的纳税人"[②]。这就意味在商品和服务的流转环节，增值税和营业税同时存在，这造成增值税纳税人购买了营业税行业的中间投入产品后不能纳入增值税的抵扣范围。另一个值得注意的问题是，在 1994 年分税制改革推行时，增值税的征税机构是国家税务局，营业税的征税机构是地方税务局。增值税为中央与地方共享税，营业税为地方税。这使得两个并行的流转税在征管力度、征管动机上有所不同（吕冰洋，2013）。

---

① 2008 年 11 月《中华人民共和国增值税暂行条例》明确了增值税的征税对象，2012—2016 年"营改增"完成后，增值税的范围扩大至全行业；

② 2008 年 11 月《中华人民共和国营业税暂行条例》明确了营业税的纳税对象。"营改增"完成后，2017 年 10 月 30 日，国务院第 191 次常务会议通过《国务院关于废止〈中华人民共和国营业税暂行条例〉决定》，2017 年 11 月 19 日，中华人民共和国国务院令第 691 号公布，标志着营业税在中国退出了历史舞台。

中国增值税与营业税长期并存的情况与印度存在一定的相似之处，实质都是未能在全行业实现统一的增值税体系，原因在于需要照顾到地方政府的主要税源营业税。但在2004—2009年增值税转型完成、抵扣范围进一步扩大后，营业税并行导致重复征税的问题亟待解决势在必行。因此，中央政府在2012—2016年实施了营业税改增值税的新一轮税制改革。

（四）两次增值税改革的宏观目标与企业投资

实际上，两次增值税改革的初衷均是通过减税降费以促进技术升级，鼓励投资。2004年启动增值税转型的宏观背景是：中央为振兴东北老工业基地采取了宏观财政措施，2007年5月为了促进中部地区崛起，又将试点范围扩大至中部6省的26个老工业基地城市。2008年7、8月还扩大至内蒙古东部和汶川地震受灾地区。这充分说明转型政策的实施带有明确的促进制造业增加投资、替代老旧设备和技术升级的政策目标。

而2012—2016年的主要改革对象是服务业。2012年1月1日，从上海实施交通运输和6个现代服务业的试点开始，此后逐步扩展至各行业和其他区域。2016年3月5日，李克强总理明确提出2016年全面实施营业税改征增值税（以下简称"营改增"）；2016年4月1日，李克强总理指出保证"营改增"企业税负只减不增。2016年5月1日起，营业税改征增值税试点全面推开。"营改增"被赋予"减少重复征税，降低企业税负，促进有效投资"的使命。因此，研究中国增值税的两次改革不可忽视宏观财政政策旨在促进企业投资的初衷。

第二节　研究意义

一、理论意义

近年来，税收作为一种外部约束机制会对公司财务行为产生影响已成为学术界比较一致的共识（Hall & Jorgenson，1967；Desai，Dyck & Zingales，2004；Doidge & Dyck，2015）。但由于税收体系的差异，西方学者更多地关注企业所得税和资本利得税，而对一个越来越盛行的重要税种——增值税及其如何影响企业盈余管理和投资等财务行为有所忽视。既有研究主要以发达国家为制度背景，以发展中国家为研究情景的文献较为少见。由此本书要探讨的是，增值税如何变化以及增值税的治理和激励功能如何发挥作用。

增值税的治理效应体现在增值税遵从对企业会计信息质量的影响上。为什么增值税可能影响企业的财务会计信息呢？增值税不仅与其他税种一样具有共同的外部监督功能，还具有不同于其他税种的独特的治理效应，即增值税税制设计将供应商—客户形成环环相扣的抵扣链，这对企业财务会计行为具有激励性和约束性。这种抵扣链设计将企业与其客户和供应商更紧密地联结在一起：某企业的客户会向其索取发票获得抵扣凭证，企业自身也会向供应商索取进项发票以抵减增值税销项税额。因此，增值税可能存在与企业所得税不同的影响机制和约束效果。

然而，在我们搜索范围内直接关于增值税与会计信息质量的研究十分稀少。鉴于此，本书从增值税的税制设计出发，构建了一个包括企业、客户—供应商和税务部门在内的理论模型。企业试图通过税收规避、盈余管理等方式扭曲会计信息获取收益时，不仅会面临税务部门的监管，还需要突破客户索取发票获得进项税抵扣的约束，这种压力会传导至该企业的供应商。本书认为，与其他税种相比，增值税遵从的独特性在于其促使上下游相互约束，形成了环环相扣的客户和供应商制约链条，从而增加了盈余管理的成本，有助于抑制会计信息操纵行为。

增值税的刺激效应体现在两次增值税改革对企业投资的影响上。一方面，部分研究认为增值税转型和"营改增"促进了企业投资。较多学者研究显示增值税改革对企业固定资产投资有显著的促进作用（聂辉华等，2009；Zhang et al.，2018；许伟和陈斌开，2016；申广军等，2016；李成和张玉霞，2015；范子英和彭飞，2017）。另一方面，不一致乃至相反的观点也存在。蔡和哈里森（Cai & Harrison，2011）基于2004年的增值税改革，研究发现总体上固定资产并未有显著增加，反而是在增值税转型后处理组公司雇用人数显著下降，并认为增值税转型改革可能是中央政府应对 2008 年金融危机的一项举措。刘怡、侯思捷和耿纯（2017）分析了 2004 年东北三省企业增值税转型政策和所得税加速折旧政策对固定资产投资的影响，检验发现是企业所得税加速折旧政策而非增值税转型政策促进了固定资产投资，还认为税收政策的刺激效应缺乏内在动力，无法提升长期业绩，容易导致投资过热。此外，学者们对增值税刺激作用的异质性发现也有争议。

本书认为这些争议之所以存在至少有以下两个原因：一是对税负如何变化这一基础性、前置性问题仍然存在巨大争议。企业增值税负究竟如何变化长期以来一直存在争论：尽管政府一再声称减税，但企业仍普遍感到税负较重。例如，从"营改增"的税制设计看，服务业企业的实际税负也应该下降，但是实际情况却并非如此。一方面，2018 年 1 月全国税务工作会议上，税务部门表示自 2012 年实施"营改增"以来已累计减税近 2 万亿元，并将继续释放税收政策红利；另一方面，在试点期间，各地财政都安排了大量的补贴资金，说明政策实施效果与预期存在差距。二是西方税负相关理论模型大多是基于企业所得税，故而缺少对增值税相关的理论基础分析。西方财务管理理论的基石之一——MM 定理中所考量的税收就是企业所得税，而对间接税的理论分析较为欠缺。

因此，本书的研究有助于揭示增值税税负如何变化这一基础性问题，并从税制设计出发揭示了增值税遵从治理效应的独特机制在于形成客户—供应商约束链，这使得外部税收监督具有了自发的激励性与传导性，本书还将税收与投资的关系延伸至增值税（一种间接税）与企业投资的关系研究。

二、实践意义

首先，从世界各国的税收政策实践来看，尽管理论界对税收政策的经济后果存在争议，但几乎主要经济体在面临经济危机，或者在逆周期时采取的减税等财政政策已成为通常的政策工具。从税收激励政策的实践来看，企业所得税的激励长期以来一直是研究热点。通常在实践中有两类税收激励方式，第一类是针对性地对某些类型的企业实施优惠税率，如中国曾经实施的"两免三减半"政策、对高新技术企业采取 15% 的优惠企业所得税税率。第二类是对计税基础，即应纳税所得额进行调整。例如，对研发费加计扣除的政策。

而增值税是一种间接税，与属于直接税的企业所得税在税制设计上差异较大，企业实际缴纳的增值税等于申报期的销项税额减去进项税额。这使增值税税收刺激方式和作用路径与其他税种不同。一方面表现为对增值税税率的调整可能不会像对直接税的税率调整一样，对税负具有很明确的影响方向，因为增值税负同时受增值税销项税率和进项税率的影响。另一方面表现为，增值税计税基础的调整更加复杂，其实质是通过对可抵扣范围进行调整以调节增值额。例如，2004—2009 年增值税转型政策的实质即扩大可抵扣范围。因此，对增值税的政策实施效应进行评价具有较强的实践意义。

其次，在中国情景下，对税收政策效应的研究更加不应该忽视增值税。第一，英美等国并未实施增值税，中国是为数不多的在流转环节增值税和营业税长期并存的国家，具有很强的独特性。而中国增值税领域连续两次重要改革，是最大新兴经济体在全国范围内推广的重大税收制度改革。这两项自然实验，为我们在广阔的空间和行业范围内研究增值税的激励作用提供了极为独特的政策实践背景。第二，增值税长期以来都是中国的第一大税种，构成企业投资行为的一项重要税收成本。第三，增值税作为日常交易中的流转税，每个月进行申报，比企业所得税更频繁地在商品流通和服务中影响企业销售。基于以上特点，我们的直觉是，由于企业每一笔销售都需要向国家税务局申报增值税，即分配给"最大的小股东"——政府，且增值税的纳税周期更短，增值税作用机制的发挥可能比企业所得税更加频繁、密切，所以增值税可能对企业行为和价值产生独特的影响。

研究增值税遵从对企业会计信息的治理效应具有一定的政策启示意义。在税收信息和会计信息的关系层面，税收信息尤其是增值税信息的外部监督有助于提升会计信息质量，而长期以来上市公司信息披露规则对税收信息的披露要求有限，增加税收信息监督和披露可能有助于进一步改善会计信息质量。这为理解增值税改革对公司财务信息的影响提供了借鉴。因此，本书对增值税税负、增值税遵从以及中国两次增值税改革从微观层面进行评价也具有很强的实践意义。

第三节 研究主题

一、税收与企业财务行为

税收是宏观财政政策的重要内容，由于税收体系的差异，西方学者更多地关注企业所得税和资本利得税的微观影响，而对增值税如何影响企业财务行为有所忽视。由此本书要探讨的是，增值税是否对企业财务行为产生影响。

（一）税收与企业会计信息质量

近年来，税收作为一种外部约束机制能够对公司治理产生影响已成为学术界比较一致的共识（Desai & Dharmapala，2006；Desai，Dyck & Zingales，2007；Doideg & Dyck，2013）。增值税具有与其他税种共同的外部监督功能（Desai，Dyck & Zingales，2007；郑志刚，2007；曾亚敏和张俊生，2009；叶康涛和刘行，2011；范子英和田彬彬，2013）。然而增值税是一种间接税，与属于直接税的企业所得税在税制设计上差异较大，因此增值税具有不同于企业所得税的独特的治理效应。增值税税制设计将供应商—客户形成环环相扣的抵扣链，企业实际缴纳的增值税等于申报期的销项税额减进项税额。这种抵扣链设计将企业与其客户和供应商更紧密地联结在一起：某企业的客户会向其索取发票获得抵扣凭证，企业自身也会向供应商索取进项发票以抵减增值税销项税额。

本书从增值税的税制设计出发，构建了一个包括企业、供应商和税务部门在内的理论模型。企业试图通过税收规避、盈余管理等方式扭曲会计信息获取收益时，不仅会面临税务部门的监管，还需要突破客户索取发票获得进项税抵扣的约束，这种压力会传导至该企业的供应商。本书认为，与其他税种相比，增值税遵从的独特性在于促使上下游相互约束，形成了环环相扣的客户和供应商制约链条，从而增加了盈余管理的成本，有助于抑制会计信息操纵行为。

（二）税收与投资之谜

在实践中，世界范围内各国政府在经济逆周期时，大多试图通过税收政策刺激企业投资、调整产业结构，从而提振经济。例如，2018 年 7 月 23 日李克强主持召开国务院常务会议，提出：积极财政政策要更加积极；聚焦减税降费，在确保全年减轻市场主体税费负担 1.1 万亿元以上；2018 年 8 月 14 日，国务院办公厅要求研究进一步深化增值税改革方案。但是在学术界，税收如何影响企业投资是经济学家们长期探讨又存在广泛争议的一个重要话题（Hall & Jorgenson，1967）。现有的研究主要存在以下两类不同甚至对立的观点。一类研究认为，降低税负能促进投资。新古典投资理论通过引入资本使用者成本来研究税收对企业投资的影响，认为所得税政策会通过影响资本使用者成本从而对企业投资产生潜在影响（Jorgenson，1963）。以康明斯和哈塞特（Cummins & Hassett，1996）为代表的经典投资理论进一步揭示了税收影响投资的作用机理，认为税制改革会使企业未来投资成本发生变化，进而改变企业投资决策。具体而言，这些研究普遍认为降低税负就能降低资产投资成本，得以促进企业投资（Hall & Jorgenson，1967；Salinger & Summers，1983；Cummins et al.，1994，1996；Hassett & Hubbard，2002；House & Shapiro，2008；Zwick & Mahon，2017）。但不一致的观点也广泛存在。还有学者则认为税收政策对企业投资的影响很小（Chirinko et al.，1999；Yagan，2015）。可以说，税收与投资的关系仍然是一个谜题。

进一步地，本书认为在中国情景下"税收与投资之谜"更独特地体现为增值税与投资之间的关系。我们为什么强调增值税呢？基于前文对中国增值税背景的介绍，我们认为可以提炼出几个有关中国税收与投资关系的事实。第一，与英美等国以直接税为主不同，中国在商品和服务流转环节中以间接的方式征收的增值税是税收收入的重要部分，增值税长期是中国各项税种中的第一大税种。尤其是在 2012—2016 年营业改增值税完成后，2016 年增值税收入为 40 712 亿元，占中国各项税收收入比例为 31%，这表明中国企业承担的税收负担具有明显的间接性，要研究中国税收与投资的关系不能忽视增值税。第二，中国的增值税在世界范围内也具有独特性，这至少表现在两个方面：中国的增值税在设立之初选择了生产型增值税的税制设计，在流转税环节营业税（类似于美国的零售销售税）与增值税长期并存。这导致重复征税的问题表现在多个层面，生产型增值税使得采购投资品的企业与销售厂家会对投资品重复纳税，营业税和增值税并行导致缴纳增值税的行业在采购营业税行业的产品和服务时无法抵扣增值税，而营业税行业采购的增值税行业产品时则会在营业税中被重复纳入计税基础，从而不利于企业在各自生产或服务环节中的投资升级。第三，中国自增值税 1994 年在全国推行以来，在长期的实践中，中央政府展开了两次有的放矢的改革，这两次宏观层面的财政改革是抱有刺激微观层面企业投资的初衷的。中国作为最大的新兴经济体，在广阔的空间和行业范围内实施的增值税改革，在世界范围内也是绝无仅有的，这为我们细致考察增值税与投资的关系提供了独特的自然实验场景。

二、具体研究问题

道奇、戴克和津加勒斯（Doidge，Dyck & Zingales，2015）指出，有关税收与企业财务研究的挑战在于如何证实因果关系。增值税可能具有不同于其他税种的独特的影响机制和约束效果。上述有关增值税的事实和背景，为我们提供了良好的研究场景。由此，本书拟以前面介绍的 2004—2009 年增值税转型、2012—2016 年"营改增"的政策冲击作为自然实验，采用双重差分法对增值税与企业投资之间的关系进行研究。然而，在研究增值税是否具备治理与激励作用之前，我们还需要对一个基本事实问题进行辨识：企业增值税负究竟如何变化？这一问题是探讨增值税是否具备促进作用的前置性问题。因此，本书明确以下四个具体研究问题：第一，增值税税负变化与影响因素；第二，增值税是否对企业有治理效应？第三，2004—2009年增值税转型促进了企业投资吗？第四，2012—2016年"营改增"促进了企业投资吗？基于对上述问题的梳理，本书的核心研究思路如图1-4所示。

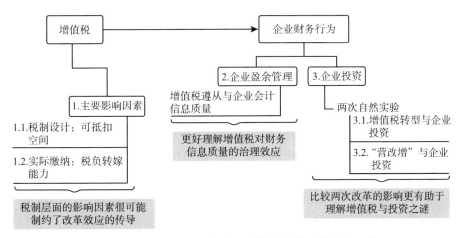

图1-4　本书对增值税与企业财务行为关系的研究思路

我们考虑和选择上述四个问题的理由有以下几点：首先，对增值税与企业投资关系进行探讨的相关研究通常给出的一个结论是减税具有刺激作用，如范子英和彭飞（2017）提出"营改增"具有减税效应，申广军（2016）认为增值税转型能促进投资、提振中国经济。这类研究共同的事实基础在于增值税有效税负的降低。然而在本书搜索的范围内，我们发现学者们在探讨增值税与投资之间关系时，往往忽视了对税负如何变化这一基础问题的识别。本书认为，只有澄清这一基本的事实性问题，才可能得出增值税改革如何影响企业投资的正确结论。增值税影响因素之一是税负转嫁能力，其分为客户和供应商两个方向，而客户—供应商链条的存在是增值税遵从对企业会计信息质量发挥治理效应的关键。其次，如前面对中国增值税领域改革的介绍，2004—2009 年的增值税转型和 2012—2016 年"营改增"是自 1994 年增值税全面推行以来的两次重大改革。前者通过扩大可抵扣范围降低了计税基础，后者则更彻底地改变了征管方式、税率和计税基础。这两次一脉相承却又有所区别的改革为更好地识别增值税与投资的关系提供了机会。

第四节　主要发现、创新与不足

一、主要发现

具体而言，本书对四个问题的研究过程和发现如下。

第一，对增值税的税负变化受哪些主要因素影响进行分析。本书从增值税税制设计的视角进行研究，从可抵扣范围设计和企业自身税负转嫁能力出发进行实证检验。本书获取了 2003—2016 年中国 A 股上市公司数据，以企业人力资本支出占比作为企业可抵扣空间的代理变量，检验发现可抵扣空间越低，增值税实际税负越高。本书从客户和供应商两个方向探讨税负转嫁能力如何影响增值税税负，分别以前五大客户集中度和前五大供应商集中程度作为企业向客户和供应商转嫁增值税税负的代理变量，检验发现客户集中度和供应商集中度越高，即税负转嫁能力越低时，企业增值税实际税负越高。在各个维度的异质性检验中，可抵扣空间没有在产权性质、行业、地区、税收征管强度及产业互联程度上表现出差异，这说明可抵扣空间是税制设计层面的普遍影响。而在税负转嫁能力方面，企业在客户方向的税负转嫁能力未表现出异质性，而在供应商方向呈现出了显著的异质性，即客户集中度较高组和较低组增值税税负无显著差异，而供应商集中度越高，企业对供应商议价能力越弱，从而有效税负越高，反之有效税负越低。为克服可能的内生性问题，本书还进一步采用双重差分法考察

2012—2016 年"营改增"对增值税有效税负的影响，发现处理组服务业企业的整体税负没有显著增加，但其中人力资本较高、即可抵扣空间较低的服务业企业税负却显著上升。

第二，对增值税遵从对企业会计信息的治理效应进行分析。本书构建了一个包括企业、客户—供应商和税务部门的模型，考察增值税遵从对会计信息的治理效应。检验发现，在同等情形下企业缴纳的增值税占所有税收比例越高，即嵌入增值税遵从链条越深，应计盈余管理和真实盈余管理的操纵行为受抑制程度越大。增值税遵从的独特作用机理在于进项税抵扣设计激励企业向供应商索取发票而形成约束，因而增值税遵从的治理效应沿客户—供应商关系传递。在一系列稳健性检验后，结果依然显著。进一步研究还表明，"营改增"使服务业企业信息质量有所下降，原因可能在于人工成本无法取得进项税抵扣导致增值税税负上升，这说明抵扣链的完整性影响了增值税遵从的约束效力。本书从理论上探讨了增值税税制设计对企业财务信息质量的治理作用并提供了经验证据，为理解增值税遵从对财务会计信息的治理作用提供了参考。

随后，本书基于对增值税税负的两方面影响因素，利用两次增值税改革的背景，研究宏观的增值税政策如何对微观层面企业投资产生影响？

第三，2004—2009 年增值税转型是否影响企业投资？本书基于 2003—2011 年中国 A 股上市公司数据，采用双重差分法检验发现增值税转型显著刺激了制造业企业的投资，其机理在于增值税转型实际是通过扩大可抵扣范围减少了政府对企业现金流的分配。本书发现产权和区域表现出了明显的异质性，国有企业新增投资更多、东北和中部地区企业新增投资也比较显著。然后本书检验发现增值税转型政策是通过可抵扣空间和税负转嫁能力两方面传导至企业微观层面并影响投资行为：可抵扣空间越大和税负转嫁能力越强，企业越能够享受增值税转型的税收优惠政策。

第四，2012—2016 年"营改增"是否影响企业投资？本书更细致地发现，企业房屋建筑物类固定资产新增投资与增值税有效税负呈正相关，而生产经营类固定资产与增值税有效税负呈负相关。这说明房屋建筑物投资与增值税负可能存在内生性。因此，本书主要采用双重差分法考察"营改增"税制变化与新增投资的因果关系，检验发现服务业企业新增固定资产投资的整体规模下降，而与房屋建筑物相比，生产经营类设备投资较房屋建筑物的下降更加显著。在异质性检验中，本书还发现国有企业对增值税税负的敏感程度比非国有企业要低，尤其是房屋建筑物，东部区域较其他区域服务业投资下降更显著，征管力度弱的企业投资下降显著。本书还进一步讨论两个因素——可抵扣空间和税负转嫁能力如何制约企业投资，发现可抵扣空间和税负转嫁能力影响了"营改增"微观层面的政策效应。机理在于，企业能获取的可抵扣空间高、税负转嫁能力强时，服务业企业才可能受益于"营改增"政策。

二、创新

本书的主要创新如下。

第一，本书的研究首次从宏观层面增值税税制设计如何影响、传导至企业微观层面出发，对增值税税负的主要影响因素进行探讨。具体而言，本书认为在增值税税率既定的情形下，可抵扣空间和税负转嫁能力是影响企业微观层面增值税税负的两个主要原因。前者代表了企业在税制设计范围内可能获得的增值税进项税额，以抵减销项税额的空间，进而影响了增值税计税基础的可能范围。后者则代表着某企业在供应链中，向上下游转嫁税负的能力，从而影响该企业实际计税基础。本书的研究将税制设计与企业实际税负联系在了一起，有助于增值税领域的研究厘清基本的税负事实问题。

第二，在理论机制上，本书从税制设计出发揭示了增值税遵从的独特机制在于形成客户—供应商约束链，使外部税收监督具有了自发的激励性与传导性。与本书相近的，珀曼兹（Permanz，2015）考察了智利增值税检查冲击的传导效应，具体表现为收到税收稽查通知企业，其供应商的纳税申报额显著增加，这说明这些企业向其供应商索取增值税凭证以应对检查，进而证明了增值税约束的传导性。本书的区别之处在于，不仅揭示了税收层面增值税抵扣设计的激励性和传递性，还具体厘清了税收监督如何制约向上和向下盈余管理的机理。此外，在经验证据上，本书区别于既有的所得税与盈余管理研究，如叶康涛和刘行（2011）发现税收征管增加盈余管理成本、李增福等（2011）发现 2007 年所得税改革后企业预期所得税率上升而采取更多真实活动管理等结论。本书提供了关于第一大税种增值税如何影响盈余管理等会计信息操纵行为的证据，还发现 2012—2016年"营改增"后尽管部分受冲击企业由于处于增值税遵从链条的末端而表现出避税动机，但被纳入增值税链条的企业，应计盈余和真实盈余操纵两种手段均受到抑制。本书也延伸了供应商—客户关系与公司财务行为领域的研究，区别于方红星和张勇（2016）检验发现供应商—客户关系型交易影响盈余管理进而影响审计师决策和岑等（Cen et al.，2017）发现供应商关系影响企业所得税避税的研究视角，本书发现企业客户和供应商关系会影响增值税遵从的约束力度。而且，本书具有一定的政策启示意义。在税收信息和会计信息的关系层面，税收信息尤其是增值税信息的外部监督有助于提升会计信息质量，而长期以来上市公司信息披露规则对税收信息的披露要求有限，增加税收信息监督和披露可能有助于进一步提高会计信息质量。这为理解增值税改革对公司财务信息的影响提供了借鉴。

第三，本书首次将两次增值税改革进行了比较研究，从而更具有对比性地探讨两次改革的异同。具体而言，本书从比较两次增值税改革的直接影响对象出发，研发发现 2004—2009 年增值税转型是通过直接降低投资品的计税基础，降低投资品的税负成本，进而在不改动税率的情形下促进了企业投资。对比而言，2012—2016 年"营改增"则是在税种层面将原营业税替代为增值税的税制改革，这次改革则彻底改变了征收方式，即税率、计税基础、征管机关同时发生了变化。本书的研究发现"营改增"政策效应是混合的，减税效应有利于制造业，但以不利于原服务业行业为代价。核心的机理在于改变税种后，原营业税服务和行为在增值税税制设计中处于不利地位——大量人力资本投入不可抵扣，且在供应链中处于相对弱势地位、无法向下游转嫁税负。

第四，与既有研究相比，本书的研究是从税制设计层面识别增值税税制层面改革如何传导至企业微观行为的路径。具体而言，本书研究探讨影响增值税税负的两个基础因素——宏观的可抵扣空间设计和微观的税负转嫁能力如何制约增值税政策效应的发挥。在两次增值税改革的检验中，本书研究认为增值税转型政策更直接明确地降低了投资品计税基础，即明确扩大了可抵扣空间进而发挥了更直接的政策效应。相比而言，"营改增"在实施阶段对服务业企业由于在税率和计税基础上均发生了改变，且是否具有减税效应还受企业税负转嫁能力的制约，这使"营改增"的政策效应非常混合，使这一政策的传导路径受阻。

三、不足

本书的研究也存在不足，主要包括以下几个方面。

第一，在增值税领域的研究中，由于企业并不披露增值税负的相关数据，关键解释变量增值税的获取方式是间接的。本书采取的方式是通过缴纳增值税与应交税费科目间的勾稽关系间接计税，这一基本思路与许伟和陈斌开（2016）相近，为避免高估，本书还更细致地扣除了损益表中其他"税""费"的发生额，这使本书对增值税有效税负的测量可能偏低，但比较既有研究，在有可能低估增值税的情形下本书的结论更加稳健。

第二，有关增值税与企业财务行为之间的关系，通常面临内生性问题。为此，本书利用增值税改革的背景，采取双重差分法研究受改革冲击的企业组。但值得进一步考虑的是，外生政策是否完全外生。例如，2004—2009年增值税转型期间也存在固定资产折旧加计扣除的所得税优惠政策，尽管本书在研究中将企业所得税有效税负也作为控制变量，不可否认的是对政策的外生性有待于进一步探讨。

第三，在对2012—2016年"营改增"的研究中，由于数据的可得性，本书研究的期间至2016年。尽管研究发现在"营改增"过程中，未发现减税效应传导至服务业企业，但本书认为这一改革是全局性地对税种进行调整，因而长期效应还有待于进一步探讨。

第五节 研 究 框 架

本书整体的研究框架如图 1 - 5 所示。全书的章节安排如下。

第一章为导论，介绍了研究背景、意义、具体研究问题和思路，以及主要发现。

第二章为文献综述，首先对增值税在公司治理和资产定价两方面的研究进行了梳理，提出增值税具有三重角色，即治理角色、信息角色和激励角色。然后对与本书的研究主题，即增值税的投资激励角色相关的文献进行具体介绍。

第三章研究了增值税税负的两大影响因素，具体对增值税税负如何受可抵扣范围和税负转嫁能力的影响进行实证检验。

第四章研究了增值税对企业会计信息行为的影响。

第五章对 2004—2009 年增值税转型对企业投资进行理论分析与实证检验。

第六章对 2012—2016 年"营改增"进行理论分析与实证检验。

第七章为结论、不足与展望。

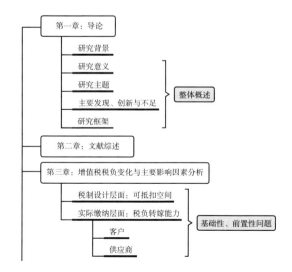

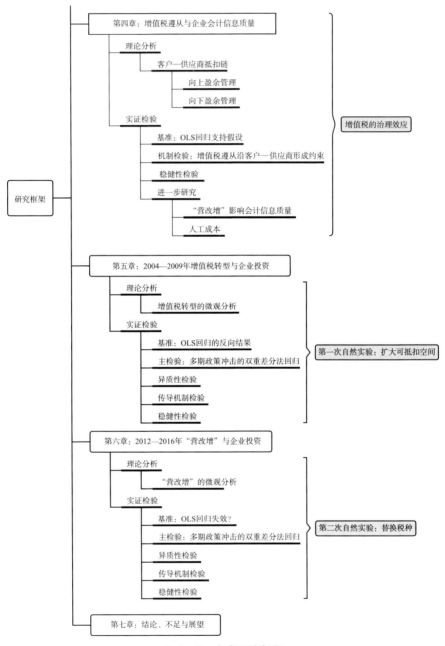

图 1-5　本书研究框架

第二章 文献综述

近年来，学者们逐渐开始关注宏观税收政策的微观经济后果。本章对增值税与公司财务相关的研究进行回顾，并提出增值税在微观经济影响上具有三重角色：治理角色、激励角色、信息角色。首先，增值税具有外部治理功能；其次，增值税具备激励功能，在企业投资、分工、产业升级中发挥了激励作用；最后，增值税可能包含有价值的预测信息并影响资产价格，当然，这一研究领域还有待探索。

第一节 税收与公司财务：从所得税到增值税

近年来，宏观层面的税收政策如何产生微观经济后果成为一个研究热点。目前西方学者们主要对企业所得税、资本利得税进行了讨论，而对一个越来越盛行的税种——增值税研究较少。本书对与增值税相关的微观研究进行综述，以厘清增值税在影响企业微观行为上可能扮演的角色，供研究者们参考。

事实上，增值税从 1954 年在法国实施以来，越来越盛行，在国家税收收入中占有重要地位，至今已逾 140 多个国家采用了增值税。从宏观层面来讲，增值税对一国的财政收入、经济增长、生产效率、商品价格都会产生影响。莫里斯（Mirrlees，2011）、泽伊（Zee，2006）、皮戈特和沃勒利（Piggott & Whalley，2001）、陈晓光（2013）等关注了增值税的宏观经济后果，探讨了增值税对政府财政收入、经济增长以及生产效率的影响，比较一致地认为增值税会增加财政收入，但税制设计中若存在多档次的税率可能会扭曲商品价格，使增值税丧失"中性"。从微观层面来讲，汉隆和海茨曼（Hanlon & Heitzman，2010）认为与税收相关的微观经济后果的研究相对较少，迈尔斯（Myers，1984）等也认为税收在企业财务决策中处于"第三"重要的地位，是财务相关研究不可忽视的重要因素。而从实证研究的角度，法玛和弗伦克（Fama & French，1998）强调税收与公司财务决策研究的难点在于，如何证实税收对市场价值和财务决策的影响机制。学者们对企业所得税与财务决策进行了较多探索。例如，哈桑（Hasan，2014）等发现企业所得税规避活动影响融资，避税活动越多，银行贷款成本越高。道奇和戴克（2015）利用加拿大所得税政策的变动，研究了税收与企业一系列决策之间的关系，发现面临税负上升的政策冲击后，企业调整了其杠杆结构、股利支出、现金持有量和投资行为等多方面的决策。借鉴与企业所得税相关的研究，增值税与财务相关的研究应该注意哪些现实背景呢？

我们认为公司财务与增值税具有较大的关联性，而且应该注意增值税在中国的独特背景。第一，增值税长期是中国的第一大税种，尤其是"营改增"后，增值税占各项税收的比重进一步上升。增值税税负构成了企业各项经济活动的重要成本。第二，增值税是一种间接税，企业实际缴纳的增值税等于销项税额减去进项税额，这种不同的税制设计对企业财务决策可能存在不同的影响机制。第三，增值税作为日常交易中的流转税，每个月进行申报，纳税周期比企业所得税更短，而且企业每一笔收入都会即时对应至税务系统，因此增值税的信息申报行为也可能比企业所得税更频繁、密切地影响企业行为。第四，英美等国并未实施增值税，中国是为数不多的、在流转环节增值税和营业税长期并存的国家，这种复杂、变迁的税制环境具有很强的独特性。尤其是 2004—2009 年增值税转型、2012—2016 年"营改增"改革，为我们在广阔的空间和行业范围内研究增值税的角色提供了独特的政策场景。

基于以上有关增值税的事实、特征和背景，学者们对增值税与企业融资约束（罗宏和陈丽霖，2012）、现金—现金流敏感性（乔睿蕾和陈良华，2017）、财务效应（刘柏和王馨竹，2017）、投资价值相关性（倪婷婷和王跃堂，2016）等方面进行了探索。罗宏和陈丽霖（2012）研究发现，2009年增值税转型对企业融资约束具有缓解作用，改善了内源融资，主要作用机制在于购进固定资产的进项税额得以抵扣，从而增加了当期经营性现金流量、降低了融资约束。此外，乔睿蕾和陈良华（2017）还发现，"营改增"能降低现金—现金流敏感性，税负转嫁能力放大了这种效应。以上两项研究说明增值税的可抵扣范围扩大，和抵扣链条的延长对企业现金流、融资产生了影响。不仅如此，刘柏和王馨竹（2017）还发现"营改增"促进了服务业企业的投资水平、税负转嫁能力和获利水平及未来盈利能力。当然也有学者认为增值税在刺激投资的同时，导致投资效率下降。倪婷婷和王跃堂（2016）发现增值税转型显著降低了集团公司的投资价值相关性，并认为集团控制与产权是影响企业投资效率的重要因素。

这些研究初步说明增值税在微观层面与公司财务的关联性表现为增值税从外部影响到企业的决策行为，如融资、现金持有、投资水平及效率。可以发现，学者们更多地采用了双重差分法、三重差分法等研究策略对增值税与企业财务活动之间的关系进行检验，但是增值税发挥了什么样的功能仍然值得探讨。由此我们从以下三个方面提出增值税的微观经济影响：第一，增值税具有外部治理作用，既与其他税种如企业所得税存在共性，也还有独特之处。第二，增值税成为宏观政策发挥激励作用的工具，尤其是在刺激企业投资、促进分工等方面。第三，增值税蕴含着与价值相关的信息，这些信息可能会影响到投资者与分析师，并进一步影响资产价格。

第二节　增值税的治理角色

由于税收体系的差异，西方学者更多地关注了企业所得税和资本利得税的微观影响，而对增值税如何影响企业财务行为有所忽视。增值税具有治理功能，能够影响企业的财务会计信息。为什么增值税可能影响企业的财务会计信息呢？一是增值税与其他税种具有共同的外部监督功能。二是增值税税制设计将供应商—客户形成环环相扣的抵扣链，这对企业财务会计行为具有激励性和约束性。

一、税收的外部监督功能

增值税与企业所得税存在共同的影响机制——外部监督。不同于一般意义上的小股东在监督职能上存在"搭便车"心理，税收部门监督职能的发挥具有强制性。可以说，税收使得政府成为所有企业"最大的小股东"，它是企业面临的重要的外部治理力量。

对于税收的监督职能，德赛等（Desai et al.，2004）较早进行了理论探索。他们建立了一个理论模型，刻画了税务部门、公司内部人和外部股东之间围绕掏空行为进行的博弈。税收的隐蔽性使公司账务更加模糊，从而使内部人更容易掏空，但是隐藏收入存在成本。因此，内部人收入隐藏的最优水平是对其收益和成本权衡之后的结果。基于德赛（2004）等人开创性的研究，学者们普遍认为税收作为一种重要的外部监督力量能够改善公司治理。例如，盖德哈米和皮特曼（Guedhami & Pitman，2008）发现，私有企业发行债券的成本在税收征管较强的年度和地区会相对降低，这说明控股股东和债权人之间的代理冲突可以通过税收征管来有效缓解。曾亚敏和张俊生（2009）同样发现税收征管力度强的地区代理成本较弱、大股东潜在掏空行为较少。叶康涛和刘行（2013）发现税收征管增加了上市公司盈余管理的所得税成本，从而抑制了上市公司过度盈余管理。这些研究共同表明监管力度强的地区，企业面临的监督约束强。与此相对应的，范子英和田彬彬（2013）发现税收征管的动机和力度如果变弱，则不利于企业治理。他们利用2002年所得税分享改革的自然实验研究发现地方政府间的税收竞争降低了地方税务局的税收执法力度，由此导致大范围的企业避税。以上分析说明，税收所代表的政府强制性监督，是包括增值税在内的所有税种的共同功能机制。

二、增值税的治理角色有何不同

然而增值税相对于其他税种，尤其是企业所得税的治理角色有何不同呢？彭慕兰（Pomeranz，2015）对此作出了重要贡献，证实了增值税与企业所得税具有不一样的治理机制：增值税使企业与其供应商产生了一种自我强化机制，将客户与供应商更紧密联系在一起，从而使税务部门对企业的监督具有溢出效应，激励企业对供应商进行约束。具体地，增值税的税制设计不同于企业所得税，企业实际缴纳的增值税等于申报期的销项税额减进项税额。这种抵扣链设计将企业与其客户和供应商更紧密地联结在一起：某企业的客户会向其索取发票获得抵扣凭证，企业自身也会向供应商索取进项发票以抵减增值税销项税额。因此，增值税可能存在与企业所得税不同的影响机制和约束效果。

彭慕兰（2015）以智利税务局实施的两项税收稽查为随机实验进行研究。第一项自然试验是税务局对所有 44.5 万家企业随机发出可能接受到外部税务审计的通知，考察这些接到通知"可能"面临稽查的企业是否会增加增值税申报额，结果发现增值税降低了企业对增值税稽查的反应程度，这说明增值税可能替代外部审计发挥了对避税行为的信息监督作用。第二项自然实验是税务局对可能存在税收规避行为的 5600 家企业中的 2800 家作为处理组发送接受审计的通知，另外 2800 家作为参照组不发送，发现处理组企业的供应商的增值税申报额显著增加。这说明企业为降低自身税负向供应商寻求抵扣凭据，将压力传导至供应商。由此，彭慕兰（2015）认为增值税的信息监督存在相应的两种机制：税务部门的外部信息监督以及与供应商的自我强化机制，后者的作用机理是增值税有别于其他税种的、更为独特的治理功能。

然而，企业的决策行为通常要对多个税种进行综合考虑，因此区别增值税与其他税种带来的影响仍然具有挑战。米罗诺夫（Mironov，2013）研究了企业构造特殊目的实体的避税活动，这为我们考察增值税与其他税种的交互效应提供了借鉴。米罗诺夫（2013）利用俄罗斯银行数据识别了 42 483 家"太空人"公司，即用以避税的特殊目的实体，发现俄罗斯企业通常采用这种复杂的交易以隐藏收入，同时减少多项税收，但企业仍然需要承担构造交易增值税成本。

值得注意的是，最近也有研究发现客户—供应商关系对企业所得税的避税活动具有影响。岑等（2017）发现客户—供应商关系更好的公司容易通过供应链实施企业所得税的规避行为。企业与主要客户和供应商在税收优惠地设立子公司以转移利润，这在一定程度上能够解释主要客户和供应商的组织决策。基于这些研究，我们认为增值税是交易活动过程中最难以规避的税收。从这一角度，增值税的避税活动更加复杂，且难以识别。因此，我们认为，进一步探讨增值税的公司治理角色如何不同于企业所得税等其他税收，在中国情景下具有很强的理论意义和实践意义。

第三节　增值税的激励角色

除了具有外部治理功能外，增值税也是政府实施宏观调控的工具，其作用机理在于政府通过调节"获取现金流权"的比例以刺激、引导企业的微观行为。长期以来，税收激励对企业投资的影响在文献中得到了较为广泛的关注。霍尔和乔根森（Hall & Jorgenson，1967）较早地对税收政策影响企业投资行为问题进行了分析，对美国第二次世界大战后早期进行的几次税收政策调整的实际效果进行了检验。哈塞特和哈伯德（Hassett & Hubbard，2002）对早期的一些实证研究进行了总结，认为新古典模型预测的结果适用于当下，企业会像预测中一样对税收激励做出相应的积极反应。然而研究者们也存在不一致的观点。行伟波（2012）发现税负增加不仅会降低固定资产投资也会使资本品的价格明显上升。付文林和赵永辉（2014）针对企业投资结构变化进行研究，发现税收激励和流动性约束导致企业投资结构偏离，并发现税收激励促进企业权益性投资，而现金流增加会促进企业固定资产投资。

那么在中国情景下，增值税如何影响企业投资呢？增值税政策的复杂性，使得增值税的税收激励与企业财务行为之间的关系更加间接、因果关系的识别也更困难（Doidge & Dyck，2015）。因此学者们考察税收与企业决策之间因果关系时，往往利用税制变化以识别政策的激励效应。自增值税开始实施以来，中国增值税领域主要有两次改革：2004—2009 年从东北三省扩展到全国的生产型增值税向消费型增值税的转型；2012—2016 年从试点城市、行业逐步向全国推广的营业税改增值税，这两次改革均与企业投资密切相关。

一、增值税转型与企业投资

2004—2009 年的增值税转型是增值税自 1986 年开始实施以来第一次重要的改革。其实质是将增值税进项税额的可抵扣范围扩大至经营性设备投资。学者们就此展开了一系列研究，两方面的证据同时存在。目前学者们主要认为 2004—2009 的增值税转型刺激了企业固定资产投资，具有一定的正面政策效应。万华林、朱凯和陈信元（2012）研究发现 2009 年增值税转型存在投资补贴的正效应和所得税的负效应，且投资补贴的正面效应大于所得税负面效应。而王（Wang, 2013）使用全国税收调查数据考察发现，2009 年增值税改革提高了企业固定资产投资水平，但是对劳动雇佣没有明显的效果，进一步研究发现增值税转型改革主要刺激了机器设备的投资，而非厂房和建筑物投资。许伟和陈斌开（2016）也以 2004—2009 年增值税转型为背景，发现增值税有效税率每降低 1 个百分点，企业投资增加约 16%，并发现转型行业的投资增加了 8%。申广军、陈斌开和杨汝岱（2016）与上述研究持有相近的观点，但进一步考察了增值税转型激励作用的异质性。他们发现增值税的减税效应在私营企业、中西部和非出口企业中更明显。此外，张等（Zhang et al., 2018）对这次改革的异质性激励作用存在不同的观点。他们采用双重差分法识别策略，发现对固定资产投资的税收刺激使处理组公司 2004—2007 年相对于 2001—2003 年固定资产投资平均上升了 28%，对融资约束较少的公司这种刺激效应更强。进一步研究发现国内民营企业受政策刺激作用更明显。刘和毛（Liu & Mao, 2017）采用全国税收调查数据检验增值税转型对固定资产投资以及生产效率的相关影响，发现处理组公司相对于控制组公司的固定资产投资和全要素生产率分别平均上升了 8.8 个和 3.7 个百分点。

然而，部分学者也存在不一致的证据和观点。第一，增值税可能并未发挥刺激作用。蔡和哈里森（2011）发现总体上固定资产并未有显著增加，反而是在增值税改革后处理组公司雇佣人数显著下降，并认为增值税转型改革可能是中央政府应对2008年金融危机的一项举措。第二，有关增值税刺激作用的异质性发现不尽相同。例如，汪德华（2013）认为增值税改革对劳动雇佣没有明显的效果，且主要刺激了机器设备的投资，而非厂房和建筑物投资。倪婷婷和王跃堂（2016）还从企业集团化的视角出发，发现集团公司受到的增值税转型政策的刺激显著高于独立公司，其作用机理在于集团公司融资约束程度低，从而更容易受税收刺激作用。申广军等（2016）发现增值税转型政策对国有企业的刺激较强，而张等（2018）则发现国内民营企业受政策刺激更强。刘和毛（2017）对异质性的检验与张等（2018）不同，他们发现对面临融资约束的公司政策刺激作用更大。第三，增值税与其他税种尤其是企业所得税可能存在交叉效应。刘怡、侯思捷和耿纯（2017）运用了1998—2006年中国工业企业数据库面板数据，采用三重差分法分析了2004年东北三省企业增值税转型政策和所得税加速折旧政策对固定资产投资的影响，检验发现企业所得税加速折旧政策能够促进固定资产投资，但增值税由于自身价外性质反而削弱了所得税的政策效果。进一步研究还发现税收政策的刺激效应缺乏内在动力，容易导致投资过热。

这些研究说明，增值税转型的政策效应与企业投资之间的因果关系还有待于取得一致的认识。此外，在多税种政策效应重叠的情形下，尤其是两大主税种增值税和企业所得税存在混淆的刺激效应还需要进一步辨别。回归到增值税转型政策本身，其实质是扩大了可抵扣范围，即在保持名义税率不变的情况下，通过增加企业可抵扣的增值税进项税额以降低实际税负。我们认为，对增值税转型政策效应的研究，有助于厘清其宏观财政政策的微观传导机制，为政策制定者进一步考量增值税的其他可抵扣项目提供有益借鉴。

二、"营改增"与专业分工和制造业转型升级

2012—2016年"营改增"是增值税完成转型后的又一次重要改革，它

取消了在商品流转环节与增值税长期并存的营业税，被寄予"消除重复征税、促进转型升级"的重任。具体而言，"营改增"被认为可以打通抵扣链条、对制造业产生减税效应，完善第二、第三产业增值税抵扣链条，促进制造业的转型升级和中国经济结构调整（陈晓光，2013）。近年来，学者们对这一改革进行了讨论，主要集中在两个方面：是否促进了企业投资、分工行为，以及是否促进了企业的转型升级。

首先，就"营改增"的分工作用来看，陈钊和王旸（2016）首先对"营改增"促进专业分工进行了探讨，认为"营改增"促进专业化分工存在两种渠道：一是制造业企业将自给自足的生产性服务改为对外经营；二是部分服务业企业获得来自制造业企业更多的业务外包。文章采用双重差分法进行验证，发现受"营改增"政策影响的企业更可能增加所属的"营改增"范围内的经营业务，作用机制是企业为避免重复征税，在改革前自己生产制造部分中间投入或服务，在改革后由于抵扣链延长、增值税负降低，因而将该部分业务对外经营或者外包。此外，范子英和彭飞（2017）也提出"营改增"具有减税效应和分工效应，并认为最终的目标是促进产业分工协作，提升专业化水平，最终实现产业转型升级。范子英和彭飞（2017）认为两个关键因素是产业互联程度和上游行业的增值税率，检验发现平均意义上"营改增"企业的税负未显著下降，即服务业减税效果不显著。但产业互联程度越高的企业，减税效应和分工效应越强。

其次，学者们还对"营改增"是否促进了转型升级进行讨论，并通常具体化为"营改增"与生产率、创新投入和产出的关系。李永友和严岑对"营改增"是否促进制造业升级进行了探讨，检验发现"营改增"促进了制造业的生产率提升，文章区分了纯制造业企业和混业经营企业，进一步检验发现制造业升级的路径呈现异质性。技术水平较高的制造企业进一步增加研发投入，而原技术水平较低的制造企业则增加了外购技术信息服务。不同于李永友和严岑（2018）以生产率为产业升级的指标，李林木和汪冲（2017）着重以创新投入和产出为产业升级的衡量指标进行探讨。他们采用2005—2015年全国中小企业股份转让系统挂牌公司年度数据，分析了税费负担对于企业创新能力以及企业升级水平的影响。检验结果发现总体税费负担、直接税以及间接税增加都会抑制企业创新能力和成果，但间接税的负向效应大于直接税。

从现有研究看，学者们比较一致地认为"营改增"延长抵扣链条、消除制造业重复征税促进了产业分工和升级，但在作用机制上学者们存在差异。陈钊和王旸（2016）强调抵扣链延长刺激企业将擅长的原内部业务向外经营或者将不擅长的原内部业务外包。事实上，李永友和严岑（2018）的研究结果与这一结论具有相似性，即认为"营改增"促进了制造业生产率的提升，技术水平高的企业进一步加大投入，技术相对较低的企业则更多采取外包方式。而范子英和彭飞（2017）认为作用机制关键在于企业和其他产业互联的程度和供应商的增值税率。李林木和汪冲（2017）则认为税负和制造业升级水平的关系受创新投入及产出的影响，并提出了创新投入降低了所得税，但创新产出会使得间接税上升，这一机制将企业所得税和增值税联系在一起进行了考量。

我们认为，"营改增"对产业分工和升级的影响仍有待研究。第一，2016 年服务业企业才在全国范围内完成"营改增"，而产业分工和升级是一种长期的效应，服务业采纳增值税的长期经济后果可能还未充分体现。第二，对企业升级和产业升级的理解，学者们尚未有一致的认识。例如李永友和严岑（2018）以劳动生产率（企业增加值除以员工人数）和全要素生产率衡量，范子英和彭飞（2017）采用修正的价值增值法（Value Added to Sales，VAS）衡量，李林木和汪冲（2017）则以全员劳动生产率和研发产出进行衡量。第三，"营改增"不仅影响上市公司等一般纳税人主体，对于各类小规模纳税人如何受"营改增"政策的影响，有待进一步讨论。

第四节　增值税的信息角色

一、税收与资产定价的理论基础

前面讨论了增值税的外部治理角色和激励角色，那么随之而来的一个疑问是，增值税对企业财务层面的影响，是否会在资产价格上有所反映呢？事实上，西方对税收与资产定价的研究主要聚焦在税收信息如何反映在资产价格上，一般意义上关于股票期望回报率和股利的理论框架如下：

$$E[R_j] = \alpha_0 R_f + \alpha_1 \beta_j + \gamma d_j \qquad (2-1)$$

其中，R_j 是企业收益率，R_f 是无风险收益率，β_j 是企业与市场的协方差，d_j 是企业期望的股利收益率，而 γ 衡量投资者购买高股利税所要求的补偿。如何体现税收对期望收益率影响呢？一个考量方式是考虑投资者从一只股票获得的回报包括股利和资本利得。此时期望的税后回报是 $r = (1 - t_d)d + (1 - t_{cg})g$，其中 t_d 是股利所得税，t_{cg} 是资本利得税，d 是股利，g 是股价的净升值。则税前的回报 R 是 d 和 g 之和，代入后得：

$$R = \frac{r}{1 - t_{cg}} + \frac{t_d - t_{cg}}{1 - t_{cg}} d \qquad (2-2)$$

式（2-2）的税前收益率 R 为两部分之和，税前的资本利得回报率与股东获得股利形式回报税收受损的补偿（补偿即股利税与资本利得税之差）。股利中税收溢价部分，反映在投资者的期望回报中，式（2-2）的第二项反映了投资者对股利支付要求的溢价 γ 对资产价格的影响：

$$\gamma = \frac{t_d - t_{cg}}{1 - t_{cg}} \qquad (2-3)$$

然而遗憾的是，增值税是一种间接税，并未反映在以上股利税和资本利得税对投资者的影响中。在我们搜索的范围内，尚未发现有学者直接对增值税是否在资产定价领域具有信息效应进行理论探讨和实证检验。我们认为，增值税对资产价格的影响可以借鉴所得税与资产定价的研究，核心问题有两个：企业增值税是否包含有价值的信息？投资者、分析师是否能理解增值税所包含的信息？

二、税收费用的价值信息

税收变化对资产价格具有影响，已成为学者们的共识。锡亚姆（Sialm，2009）讨论了税收变化与资产价格的关系，检验发现税率变动对资产价格的影响在时间序列变化趋势和横截面趋势上显著，并对布伦南（Brennan，

1970）模型进行讨论，发现税收费用在股票定价中有所反应。基于这些认识，我们简要梳理下当前所得税费用在资产定价领域的主要研究，以供借鉴。

第一个引起关注的问题是税收费用的增加是好消息还是坏消息。在简单意义上，在其他条件不变的情况下，税收费用与其他费用一样增加是坏消息。利普（Lipe，1986）支持这一观点，发现在控制税前收入、收入异常以及其他费用的情况下，股票回报与税收异常负相关。但是包括奥尔森和彭曼（Ohlson & Penman，1992）在内的近期研究证据发现收益和税收费用在年度数据上正相关，汉隆等（2005）表明收益与应纳税收入（源于税收费用的当期部分）在年度数据上正相关。学者们开始逐渐赞同所得税费用的增加是好消息。从理论机制上看，有两种机理：第一，较低的所得税费用可能预示着未来应税收入容易出现反转（Lev & Nissim，2004）；第二，高所得税费用预示着盈利能力的增强。

第二个方面是税收费用是否具有预测信息。施密特（Schmidt，2006）发现市场低估了税收费用对未来盈利的预测性。夏恩和斯托克（Shane & Stock，2006）发现分析师的盈利预测未能准确预测企业在高税收年度将第四季度的利润转移到低税率年度的第一季度，原因在于分析师对盈利的认知能力不足。史金纳（Skinner，2008）发现投资者未能及时反映递延所得税信息，是日本银行业出现危机的重要原因。韦伯（Weber，2009）检验发现分析师和投资者未能准确理解账税差异对未来盈利的预测性。驰等（Chi et al.，2014）发现投资者对账税差异信息（税收收入/会计收入；Taxable Income/Book Income）存在错误定价，该指标较低的公司盈利增长和异常收益率更低。该文进一步发现，税收收入/会计收入（TI/BI）中的当期利润部分（Temp Income/Book Income）的预测能力更强，其作用机理归结于行为金融理论中的"有限注意"理论或"有限认知能力"。

三、资本市场能否准确理解税收费用信息

如果税收费用含有有价值的预测信息，那么投资者和分析师对税收费

用信息将会如何反映？列夫和尼西姆（Lev & Nissim，2004）以及韦伯（2009）较早对此进行研究，他们认为投资者低估了账面收入与应收收入差异这一税收变量的信号作用。列夫和尼西姆（2004）发现应税收入与账面收入比率与未来收益正相关。韦伯（2009）发现分析师未能及时根据税收信号调整盈利预测。值得重视的是，托马斯和张（Thomas & Zhang，2011）指出了税收费用动量效应这一市场异象，发现季度税收费用差异与未来盈利正相关，并认为所得税费用包含核心盈利能力的增量价值信息，而其反映在股价中的过程会有所延迟。

但拜克（Baik，2016）等检验发现分析师对税前收入的预测削弱了托马斯和张（2011）所提出的税收费用异象。作用机制在于当分析师能更准确地对未来税收费用进行预测时，投资者也会认识到当期税收费用的异常对未来盈利的预测性。但也存在不一致的证据和观点。布莱洛克（Blay-lock et al.，2012）等发现投资者能够识别账税差异较大的公司并对应计利润准确定价。布拉滕（Bratten，2017）认为分析师忽视了税收费用的信息或者理解税收费用的能力不足。

遗憾的是，直接有关增值税在资产定价领域的研究非常少见。我们认为有以下几个方面的原因：第一，由于英美等国未实施增值税等间接税，主流的税收与资产定价研究中，缺少对间接税与资产价格关系的理论支撑；第二，增值税的实际税负核算是一种间接的方式，并不直接反映在利润表上，与之相关的实证研究在数据获取上存在困难。当然，我们认为既有的研究提供了有益的参考。假如所得税费用包含了企业盈利能力的信息，那么与企业收入息息相关的增值税，是否也蕴含了企业经营性的信息呢？而在中国等新兴市场，增值税的信息含量与所得税费用相比有何增量信息？这些问题在中国情景下值得进一步探讨。

第五节　文献评述

税收与财务相关的研究是一个重要的交叉领域。在中国情境下，增值税在经济生活中的地位十分突出，尤其在"营改增"后有关该领域的研究开始增多。本书对增值税与公司财务的研究现状进行了综述研究。

首先，学者们普遍借助 2004—2009 年增值税转型和 2012—2016 年"营改增"的自然实验，采用双重差分法或三重差分法等研究方法对增值税与投资活动和效率、转型升级、融资约束和现金—现金流敏感性等财务决策的关系进行了探讨，中国的增值税改革为识别税收与财务活动之间的因果关系提供了独特的研究背景。

其次，我们注意到，彭慕兰 2015 年发表在《美国经济评论》（American Economic Review）上有关智利增值税改革的文章，其贡献在于借助智利增值税改革中的两项自然实验，验证了增值税的外部信息监督功能具有不同于其他税种的特性。这为我们探讨增值税在中国这一最大新兴经济体的功能发挥提供了启发和参考。本书提出增值税在微观层面具有三重角色：外部治理角色、激励角色和信息角色。就第一种角色而言，对增值税的治理功能与其他税种存在怎样的差异，现有研究还有所欠缺，主要表现在对增值税发挥治理作用的独特机制还未有清晰的辨识。此外，对于增值税的激励作用也存在较多争论，一方面减税政策频出，另一方面关于税负过重的报道仍然较多。作为第一大税种的增值税究竟起到了激励还是抑制的作用，还有待证实。而受限于间接税在资产定价领域缺少理论支撑以及数据获取上存在难度的事实，增值税的信息角色所取得的研究进展最少。

最后，有关增值税与企业财务研究的展望，如同汉隆和海茨曼（2010）所言，税务相关的研究往往具有多学科交叉的属性，这使税务相关的研究令人兴奋同时又十分困难。谈到与增值税有关的直接研究，我们认为应该更贴近真实的交易活动，构建更符合实际的理论模型，并充分借助增值税改革所提供的自然实验场景，从理论和实证两方面探讨增值税与公司财务之间的关系。

第三章　增值税税负变化与
主要影响因素分析

第一节　引　言

　　增值税税负受哪些因素影响，中国的两次增值税改革导致税负如何变化，这是该领域研究的基础性问题。目前增值税是世界上广泛开征的税种之一，尽管各个国家增值税制度在征税范围、抵扣范围等方面存在差异，但增值税的设计原理主要都是为了避免多重征税。

　　自 20 世纪 80 年代初被引入中国以来，增值税制度不断完善，近年来经历了两次较大的改革，分别是 2004—2009 年生产型增值税向消费型增值税改革，以及 2012—2016 年营业税改征增值税改革。2004—2009 年增值税转型旨在将企业用于生产经营的设备投资纳入增值税可抵扣范围、鼓励制造业进行设备投资以及促进产业技术升级。税负轻重这一问题更加明显地表现在 2012—2016 年"营改增"期间。"营改增"政策从逐步试点到全国范围内推广，对我国城市化进程以及产业结构转型和升级具有重要意义（范子英和彭飞，2017）。然而自"营改增"政策实施以来，企业增值税税负究竟如何变化长期存在争议：尽管政府一再声称减税，但不少企业（特别是"营改增"企业）"减税获得感不强"，甚至税负"不降反增"（李梦娟，2013）。这说明改革的实际效果与预期存在差异。一方面，2018 年 1 月全国税务工作会议上，税务部门表示自 2012 年实施"营改增"以来已累计减税近 2 万亿元，并将继续释放税收政策红利；另一方面，在试点期

37

间，几乎所有省市都有采取过渡性财政政策对税负上升企业进行财政补贴，这说明有大量企业的税负增加。以文化产业为例，其主要成本是设备租赁、人员工资及场地费用等，因此能够进行抵扣的进项税很少，导致"营改增"后文化产业实际税负增加。文化产业是一个典型的以人力为主的知识密集型服务行业，"营改增"后税负上升的原因除了抵扣链条缺失外，很大一方面还因为人力资本成本较高，且直接的人力成本支出不在增值税可抵扣范围内，因而人力资本成本在当前增值税税制框架下无法获得进项税抵扣。那么，企业增值税有效税负受哪些因素影响？本章试图从税制的设计与征收的视角回答这一问题。

中国企业的增值税有效税负差异是普遍存在的。目前，关于企业增值税有效税负影响因素的文献并不多，已有学者从产权性质（刘骏和刘峰，2014）、议价能力（童锦治等，2015）、税负转嫁能力（乔睿蕾和陈良华，2017）、抵扣制度（樊勇，2012）、税收征管强度（高培勇，2006）等角度进行了研究。然而，现有研究较少从税制设计与变迁的角度探讨企业增值税有效税负存在异质性的机理。尽管已有学者注意到，"增值税"改革试点可以减轻大部分试点现代服务业税负，但软件业和文化艺术业的税负却增加了，并认为这两个行业税负增加主要原因在于人力资本成本过高（何骏，2012）。遗憾的是现有关于人力资本要素对企业增值税有效税负的影响多停留在理论分析层面，目前仍没有采用实证分析方法验证企业增值税有效税负的具体影响因素。

与已有研究的不同之处在于，本章从税制设计理论出发提出影响增值税实际税负的因素主要是两方面：增值税的可抵扣空间和获取抵扣能力。已有研究往往容易忽视的一个事实是，即使是同一行业中的不同企业在增值税抵扣时也存在较大差异。例如，交通运输业中水上运输业主要成本为燃油费，可以获得进项税抵扣，而道路运输业需支付大量的过路费和罚款，这部分支出无法获得相应的增值税发票，进项税抵扣相对困难。由此我们认为，要从微观层面对增值税实际税的差异原因进行分析，从理论框架上应该涵盖增值税制所赋予的可抵扣空间和获取抵扣项的能力。

具体而言，第一，可抵扣空间造成增值税税负存在差异。本书以企业成本结构中一直未纳入可抵扣范围的人力成本占比作为可抵扣空间的代理变量。中国传统制造业企业一直享受"人口红利"带来的好处（张同斌，2016），人力资本成本较低。但随着经济的发展和社会的进步，一方面，传统加工产业已不再适应时代需求，企业要积极向先进制造业与现代服务业转型，对非熟练劳动力需求下降，而对专业技术工人需求上升；另一方面，随着"人口红利"逐渐减少，用工成本已大幅上涨，工资和社保成本上升（王小鲁等，2009），人力资本成本已经成为企业生产成本中十分重要的内容。因此，人力资本投入上的差异是造成企业增值税税负存在普遍差异的重要原因，在当前"减税降负""产业结构调整"的背景下具有重要的现实意义。第二，获取抵扣项的能力或者说税负转嫁能力造成增值税税负存在差异。本章以企业前五大客户收入占总收入比例和前五大供应商采购额占总采购额比例衡量企业在行业上下游中的地位。可以说，企业在供应商—客户关系中的地位意味着其是否能在增值税链条中获得有利的地位。

我们获取了2003—2016年上市公司数据，探讨了以上两个因素对增值税税负造成的影响。与既有的度量方法相比，本章采用更为精确的增值税计算方法衡量微观企业层面的增值税实际税负。检验发现：企业人力资本支出占比越高，即可抵扣空间越低，增值税实际税负越高；企业前五大客户和供应商集中程度越高，即企业面临的客户压力和供应商制约程度越高，企业增值税实际税负越高。这说明企业自身成本是否可抵扣，及其在产业竞争中所处的地位是影响企业增值税实际税负的重要因素。并且人力资本要素对企业增值税有效税负的影响并没有因产权性质、行业、地区、税收征管强度及产业互联程度的不同而产生差异，说明这种影响是税制设计造成的普遍影响。进一步研究还发现，2004—2009年的增值税转型降低了制造业的增值税税负，而2012—2016年的"营改增"后，服务业企业整体税负没有显著增加，但人力资本密集型服务业企业税负却显著上升，这既说明人力资本要素是影响企业增值税有效税负的重要因素，也从另一个角度解释了"营改增"后不同企业税负变化之所以不一致的原因。

本章可能的贡献主要体现在两个方面：首先，本章基于微观企业数据，采用实证分析方法研究企业人力资本要素对增值税有效税负的影响，丰富了企业增值税有效税负影响因素领域的相关文献；其次，本章的研究可以解释一些税制改革中看起来不太合理的现象，如某些人力资本密集型企业在"营改增"之后税负不降反升，这对完善目前旨在为企业"降税降负"的税收政策具有一定参考价值。

第二节　理论分析与研究假设

一、增值税可抵扣空间的变迁

本章所关注的增值税税负的首要影响因素是增值税可抵扣范围设计，实际上也就是对增值额的确定。1994 年分税制后增值税开始在全国推行，对商品的销售和修理修配劳务征收增值税。当时，中国主要处于发展传统制造业企业生产加工的阶段。这类型企业的成本主要包括"料、工、费"（会计意义上通常指原材料、人工成本和制造费用）三个部分内容。对企业所购进的原材料投入可以作为进项税进行抵扣，也就是说，生产成本中"料"这部分进项税额的抵扣基本得到了保障。2004—2009 年，中国政府从东北地区的试点行业开始启动了生产型增值税向消费型增值税的改革。受到金融危机的冲击后，为了促进企业增加投资拉动经济，2009 年 1 月 1 日起，在全国范围内允许生产经营类型的固定资产一次性抵扣进项税额。因此，作为资本品投入的生产设备，避免了重复征税：此前生产设备销售方缴纳增值税后，购买方购买设备不得抵扣，使得生产资本投入的成本过高。也可以说，在增值税转型之后生产设备通过折旧计入生产成本的"制造费用"，也得以在购买设备时就获得了抵扣。2012—2016 年，我国逐步开始推行"营改增"政策，延长制造业抵扣链条，消除营业税造成的服务性投入重复征税，扩大了制造业的抵扣范围，即允许制造业对原本不得抵扣的服务性投入进行抵扣。从这个角度来看，中国增值税改革的过程，实际上就是对增值税计税基础，或者说征税来源进行调整的过程。可以说，从税制改革层面来看，中央政府确实做到了逐步缩减增值税的计税基础，不断削减被"重复征税"的税源。

然而，遗憾的是人力资源投入一直不得抵扣。由于不同类型的企业对人力资本要素依赖程度不同，这使得不同类型企业的增值税有效税负产生了差异。以"营改增"企业为例，"营改增"之后，服务业企业实际税负变化的关键在于，中间投入能否获得进项税抵扣。对于资本密集型企业，中间投入中原材料和生产机器设备投入占比较高，而这些投入比较容易获得进项税抵扣凭据，因此，在"营改增"之后税负可能持平或有所降低；而对于人力资本密集型企业，人力资本是企业价值增值的重要来源，人力资本要素投入占生产成本的很大一部分比重，但无法获得相应的进项税抵扣，导致企业实际税负增加。尽管"营改增"政策对某些服务业的增值税税率设定较低，但仍可能造成可抵扣空间较小的企业增值税实际税负较重。

基于此，本章提出如下假设：

假设 3 - 1：可抵扣空间越小，增值税税负越重。

二、增值税税负转嫁能力

本章所关注的第二个增值税影响因素是企业的税负转嫁能力。从税收原理上看，增值税是间接税，最后转嫁到最终消费者，增值税税负不影响企业。但实际上所谓的"价外税"可能只是表面现象，实际上增值税税负取决于商品的供给和需求弹性（干福钦，1994）。因为，消费者对商品所能接受的价格（包括增值税）都是有限的，这就导致税收负担直接制约着商品总价水平（王建平，2005）。盖地（2008）甚至认为，增值税是企业从事生产经营活动的一项不可忽视的"费用"，是商品价格的组成部分，并且呼吁增值税应当进入利润表，在企业财务报告中真实、完整地披露其会计信息。因此，各企业都会承担不同比例的增值税税负，并且企业增值税税负跟其税负转嫁能力密切相关。

基于这些分析，我们认为税负转嫁能力来源于两个方面：第一，企业的税负转嫁能力与其在销售链中的议价能力有关（乔睿蕾和陈良华，2017；童锦治等2015）。在企业的销售链中，企业客户集中度越高往往意味着企业对客户的依赖程度越高，那么企业通常所面临的客户压力也越大。一方面，企业的经销商可以通过降低经销价格的方式转嫁他们的增值税税负，也就是说议价能力较弱的企业无法通过价格调整将增值税税负转嫁至其客户，从而导致其增值税实际税负增加；另一方面，增值税的抵扣制度设计使上下游企业环环相扣，理论上而言，企业应积极向供应商索取采购额的抵扣凭据，而经销商也会积极向企业索取增值税发票，从而使自己获得进项税抵扣。而客户集中度越高，说明企业越可能处于销售链条的中间环节而非直接面临终端消费者，这就导致企业少开具增值税发票的可能性较小，较强的客户压力使企业更完整地开具增值税发票，从而使企业意图通过减少销项税额来降低企业增值税实际税负的路径受阻。第二，税负转嫁能力与企业在供应链中的地位有关。当企业的供应商集中程度越高，说明企业对供应商依赖程度越高，则企业所面临的供应商制约程度也越高。在这种情况下，企业在供应链中的议价能力相对较低，无法通过降低采购价格转嫁其增值税税负，甚至在供应商很强势的情况下，无法完整地获得增值税专用发票，使企业增值税进项税抵扣受阻，最终导致企业增值税实际税负增加。

基于此，本章提出如下假设：

假设3-2：客户集中度越高、税负转嫁能力越弱，增值税税负越重。

假设3-3：供应商集中度越高、税负转嫁能力越弱，增值税税负越重。

第三节　数据、变量与模型

一、数据来源

本书选取2003—2016年沪深两市A股上市公司数据，并执行如下筛选程序：①剔除金融业上市公司；②剔除 ST、*ST 及 SST 企业；③剔除缺失值、异常值。最终得到 16 637 个观测值，同时为了消除极值对回归结果的影响，对所有数据进行 1% 的缩尾处理。企业增值税实际税负的数据从企业年报及附注中手工搜集获得，其他数据来源于国泰安经济金融数据库。数据的统计和检验主要采用 Stata15 软件。

二、变量定义

被解释变量：增值税实际税负（VATRATE）。尽管已有学者呼吁将增值税纳入利润表（盖地，2008），但目前增值税依然作为价外税不体现在利润表中，这为获取企业增值税税负造成了一定困难。现有对增值税实际税负的衡量方法中，相对准确的是采用其他与增值税存在一定比例关系的税种倒推计算（陈钊和王旸，2016；范子英和彭飞，2017），如城建税或者教育费附加。城建税的计税基础是当期企业实际缴纳的增值税、营业税和消费税之和，然后乘以不同地区的城建税税率就等于缴纳的城建税。教育费附加也是一种随同实际承担的流转税征收的附加税，计税基础与城建税相同，但税率统一为 3%。这种方法的缺点是：城建税税率根据纳税地有市一级 7%，县一级 5% 和村镇 1% 的多档税率区分，从而无法倒推获得准确的计算金额；而大量企业在利润表的营业税金及附加的明细科目中，往往将教育费附加和地方教育费附加混合在一起，或者列示为"其他"，这同样会导致推算金额不准确，并存在一定的缺失值。

本章参照许伟和陈斌开（2016）计算企业实际缴纳增值税的计算方法，首先将现金流量表中"支付的各项税费"调整为按权责发生制当期实际应承担的总体税收负担。其次，逐项扣除主税种所得税、营业税金及附加，以及管理费用中所涉及的各项税费。最后，用当年销售收入进行标准化处理。这种计算方法的优势在于：第一，通常现金流量表中按收付实现制实际支付的税金，会有纳税缴款回单等书面证据，该金额准确度极高，而据此调整得出的权责发生制下的总体税收负担也非常准确；第二，逐项扣除所得税、营业税金及附加，避免了由于审计师披露程度不一致所导致的大量缺失数据，最后我们还对管理费用、销售费用中明细科目所列示的"税""费"筛选扣除，尽可能地排除其他税种。具体的，本章的计算方法是：

$$企业当年实际缴纳增值税 = 现金流量表中支付的各项税费 + 应交税费年末余额 - 年初余额 - 所得税 - 营业税及附加 - 管理费用和销售费用中各项"税""费"$$

于是：

企业增值税实际税负 ＝ 企业当年实际缴纳增值税/销售收入

解释变量包括：客户压力（*TOP5_SALES*）、供应商制约（*TOP5_PUR-CHASE*）、人力资本投入占比（*INPUTBASE*）。其中客户压力（*TOP5_SALES*）参考已有研究（乔睿蕾和陈良华，2017），采用客户集中程度来衡量企业面临的客户压力，具体而言，取前五大客户销售收入占总收入比重；供应商制约（*TOP5_PURCHASE*）参考已有研究（乔睿蕾和陈良华，2017），采用供应商集中程度以衡量企业面临的供应商制约程度，具体而言，取前五大供应商采购金额占总采购金额的比重。人力资本投入占比（*INPUTBASE*）参考已有研究，本章采用企业支付给员工工资衡量企业对人力资本的依赖程度。具体而言，采用现金流量表中"支付给职工以及为职工支付的现金"金额，除以企业销售收入进行标准化处理。

其他控制变量参考童锦治等（2015），如下：①公司规模（*SIZE*），总资产的自然对数；②资产负债率（*LEV*），负债除以总资产；③股权集中度（*FIRST*），取企业第一大股东持股比例占总流通股比例；④产权性质（*SOE*），虚拟变量，国有企业取1，非国有企业取0；⑤企业年龄（*AGE*），取上市公司上市年龄；⑥管理费用占比（*GA*），即管理费用占销售收入比重；⑦资本性支出占比（*CAPITAL*），取现金流量表中"购建固定资产、无形资产和其他长期资产支付的现金"除以固定资产净值；⑧存货占比（*INVENTORY*），即企业存货占总资产比重；⑨固定资产占比（*PPE*），即企业固定资产以及在建工程之和占总资产比重；⑩无形资产占比（*INTAN-GIBLEASSETS*），即企业无形资产金额占总资产比重。具体变量定义说明如表3-1所示。

表 3 – 1　　　　　　　　　　　　变量定义说明

变量类别	变量符号	变量说明
被解释变量	*VATRATE*	企业增值税实际税负，计算方法如前所述
解释变量	*TOP5_SALES*	客户压力：前五大客户销售收入占总收入比重
	TOP5_PURCHASE	供应商制约：前五大供应商采购额占总采购额比重
	INPUTBASE	可抵扣空间：企业支付员工工资占销售收入比重
控制变量	*SIZE*	公司规模：总资产取自然对数
	LEV	资产负债率：负债/总资产
	FIRST	股权集中度：第一大股东持股数量占总流通股比例
	SOE	产权性质：国有企业取1；非国有企业取0
	AGE	企业年龄：企业上市年数
	GA	管理费用占比：管理费用/销售收入
	CAPITAL	资本性支出占比：资本性支出/固定资产净值
	INVENTORY	存货占比：存货/总资产
	PPE	固定资产占比：固定资产和在建工程之和/总资产
	INTANGIBLE ASSETS	无形资产占比：无形资产/总资产

三、模型设定

为检验本书假设，本章设定如下基准模型，分别用来检验假设 3 – 1、假设 3 – 2 和假设 3 – 3：

$$Y = \alpha_0 + \alpha_1 TOP5\_SALES + \alpha_2 SIZE + \alpha_3 LEV + \alpha_4 FIRST + \alpha_5 SOE$$
$$+ \alpha_6 AGE + \alpha_7 GA + \alpha_8 CAPITAL + \alpha_9 INVENTORY + \alpha_{10} PPE$$
$$+ \alpha_{11} INTANGIBLEASSETS + \sum \lambda Industry + \sum \gamma Year + \varepsilon_{i,t-1}$$

$$(3-1)$$

$$Y = \alpha_0 + \alpha_1 TOP5\_PURCHASE + \alpha_2 SIZE + \alpha_3 LEV + \alpha_4 FIRST + \alpha_5 SOE$$
$$+ \alpha_6 AGE + \alpha_7 GA + \alpha_8 CAPITAL + \alpha_9 INVENTORY + \alpha_{10} PPE$$
$$+ \alpha_{11} INTANGIBLEASSETS + \sum \lambda Industry + \sum \gamma Year + \varepsilon_{i,t-1}$$

$$(3-2)$$

$$Y = \alpha_0 + \alpha_1 INPUTBASE + \alpha_2 SIZE + \alpha_3 LEV + \alpha_4 FIRST + \alpha_5 SOE + \alpha_6 AGE$$
$$+ \alpha_7 GA + \alpha_8 CAPITAL + \alpha_9 INVENTORY + \alpha_{10} PPE + \alpha_{11} INTANGIBLEASSETS$$
$$+ \sum \lambda Industry + \sum \gamma Year + \varepsilon_{i,t-1}$$

$$(3-3)$$

在上述 OLS 模型中，我们分别关注待考察的三个税负影响因素——客户压力、供应商约束和人力资本的相关系数。在进一步研究中，为借助增值税转型和"营改增"两次重要改革的自然实验场景，我们参照范子英和彭飞（2017）、贝克（Beck，2010）设定如下双重差分模型。

$$Y = \alpha_0 + \alpha_1 TREAT \times POST + \alpha_2 TREAT + \alpha_3 POST + \delta X_{i,t-1}$$
$$+ \sum \lambda Industry + \sum \gamma Year + \varepsilon_{i,t-1} \tag{3-4}$$

$$Y = \alpha_0 + \alpha_1 DUMMY_{province,ind,year} + \delta X_{i,t-1} + \sum \lambda Industry + \sum \gamma Year + \varepsilon_{i,t}$$
$$\tag{3-5}$$

这两个双重差分法的回归模型的差别是，第一个回归模型将政策实施时点简化为起始的年份，如 2004 年、2012 年。由于包括增值税在内的财政制度改革涉及地域广、行业多，所以政府通常会限定时点区域和行业（Li Pei，2016），后一个模型不同之处在于，设置了一个类似于标准的双重差分法中的双重差分项的变量 $DUMMY_{province,ind,year}$，该变量实际上是反映了时间、地域和行业三个维度变化的交乘项，因而能反映政策变化对增值税税负的影响。

第四节　描述性统计和变量相关性检验

一、描述性统计

表 3-2 给出了全样本描述性统计结果。样本企业增值税占销售收入比重均值为 5%，其中增值税税负最重的企业，其缴纳的增值税占营业收入（VATRATE）比重高达 49.5%，而增值税税负最轻的企业，其缴纳的增值税占营业收入比重仅为 0.05%，说明不同企业的增值税税负确实存在很大的差异。样本企业前五大客户销售收入占总收入（TOP5_SALES）比重平均值为 29.8%，有些企业的客户十分集中，前五大客户即是其所有客户；而有些企业的客户十分分散，前五大客户销售收入占比仅为 0.73%。同样的，样本企业前五大供应商采购额占总采购（TOP5_PURCHASE）比重平

均值为 36.45%，部分企业仅从五家以内供应商处进行采购，而有些企业前五大供应商采购额占比仅为 3.54%。另外，样本企业中，可抵扣空间（INPUTBASE）均值为 11.58%，投入最高的企业，其人力资本成本占收入比重达到 55.5%，也就是超过一半的成本均是人力资本投入，意味着可抵扣空间较低。而投入较低的企业，其人力资本成本占收入比重仅为 0.81%，意味着可抵扣空间较高，反映了不同企业有着不同的生产方式。这说明本书所关注的影响企业增值税税负的三个因素离散程度较高、在样本横截面上表现出很大的差异性。在控制变量中，我们注意到与资产相关的几个变量也表现出较大的离散程度。如本期资本性支出（CAPITAL）、存货（INVENTORY）、固定资产、在建工程和长期待摊费用之和（PPE）、无形资产（INTANGIBLE ASSETS），其他控制变量与现有文献并无太大差异，这里不再一一赘述。

表 3 - 2　　　　　　　　　　　描述性统计

VARIABLES	N	mean	p50	sd	min	max
VATRATE	16 637	0.05	0.04	0.06	0.00	0.50
TOP5_SALES	16 637	29.81	23.10	22.54	0.73	100.00
TOP5_PURCHASE	11 195	36.45	31.71	21.32	3.54	100.00
INPUTBASE	16 637	0.12	0.09	0.09	0.01	0.56
SIZE	16 637	21.78	21.63	1.25	18.83	26.07
LEV	16 637	0.47	0.46	0.24	0.03	2.56
FIRST	16 637	36.54	34.35	15.74	7.93	79.73
SOE	16 637	0.51	1.00	0.50	—	1.00
AGE	16 637	14.52	14.00	5.37	2.00	37.00
GA	16 637	0.11	0.08	0.14	(0.09)	3.16
CAPITAL	16 637	0.33	0.19	0.51	0.00	4.89
INVENTORY	16 637	0.15	0.12	0.13	—	0.76
PPE	16 637	0.27	0.23	0.18	0.00	0.80
INTANGIBLE ASSETS	16 637	0.05	0.03	0.05	—	0.36

二、变量相关性检验

为验证各变量之间的相关性，本章进行了变量间相关性检验。由表 3 - 3 可见，企业增值税实际税负（VATRATE）与客户集中度（TOP5_SALES）、

表 3 - 3

变量相关性检验

变量	(1)	(2)	(3)	(4)	(5)	(6)	(7)	(8)	(9)	(10)	(11)	(12)	(13)	(14)
VATRATE (1)		0.23***	0.05***	0.07***	-0.10***	-0.15***	0.01	-0.01	-0.02	0.29***	-0.01	-0.13***	0.05***	0.05***
INPUTBASE (2)	0.19***		-0.10***	0.10***	-0.22***	-0.30***	-0.10***	-0.07***	0.10***	0.68***	0.03***	-0.22***	-0.03***	0.17***
TOP5_PURCHASE (3)	0.10***	-0.08***		0.34***	-0.21***	-0.06***	-0.01	-0.01	0.02**	-0.06***	-0.06***	-0.13***	0.05***	-0.09***
TOP5_SALES (4)	0.15***	0.08***	0.34***		-0.17***	-0.05***	-0.01	0.02**	0.01	0.08***	-0.05***	-0.16***	0.03***	-0.06***
SIZE (5)	-0.10***	-0.21***	-0.19***	-0.13***		0.32***	0.18***	0.20***	0.23***	-0.39***	0.05***	0.01	0.02**	-0.06***
LEV (6)	-0.05***	-0.19***	-0.02*	-0.01	0.23***		0.03***	0.26***	0.11***	-0.31***	-0.16***	0.19***	0.13***	-0.10***
FIRST (7)	-0.02*	-0.11***	-0.01	0.01	0.23***	0.01		0.26***	-0.22***	-0.19***	0.01	0.04***	0.12***	-0.07***
SOE (8)	-0.05***	-0.08***	-0.00	0.02***	0.26***	0.22***	0.27***		0.01	-0.14***	-0.17***	-0.00	0.25***	-0.08***
AGE (9)	0.06***	0.09***	0.03***	0.03***	0.18***	0.12***	-0.24***	0.02**		0.01	-0.15***	-0.05***	-0.09***	0.10***
GA (10)	0.25***	0.41***	0.04***	0.09***	-0.28***	0.09***	-0.14***	-0.10***	0.01*		0.01	-0.21***	-0.12***	0.18***
CAPITAL (11)	0.04***	0.06***	0.04***	-0.00	-0.03***	-0.13***	-0.03***	-0.15***	-0.06***	0.02***		-0.02	-0.35***	0.03***
INVENTORY (12)	0.03***	-0.19***	-0.06***	-0.17***	0.07***	0.22***	0.04***	0.01*	0.04***	-0.10***	-0.02***		-0.24***	-0.13***
PPE (13)	-0.03***	-0.07***	0.07***	0.08***	0.09***	0.15***	0.12***	0.25***	-0.05***	-0.08***	-0.34***	-0.35***		0.12***
INTANGIBLE ASSETS (14)	0.05***	0.11***	-0.01	-0.01*	-0.06***	0.01	-0.05***	-0.02**	0.08***	0.09***	0.01	-0.18***	0.03***	

注：下半部分报告了 Pearson 相关系数，上半部分报告了 Spearman 相关系数；*** 表示 1% 水平显著，** 表示 5% 水平显著，* 表示 10% 水平显著。

供应商约束度（*TOP5_PURCHASE*）以及可抵扣空间（*INPUTBASE*）均在1%水平显著，且相关系数为正，初步验证了本章的假设。另外，变量两两之间的相关系数基本小于0.4，说明变量之间不存在严重的多重共线性问题，模型变量的选取比较合理。

第五节　回归分析

一、可抵扣空间与企业增值税实际税负

本章以人力资本投入占销售收入的比重衡量增值税可抵扣空间（*IN-PUTBASE*）。我们选取这一代理变量的理由是，增值税抵扣制度在设计上就不允许人力资本投入抵扣销项税额，因而可将其作为增值税可抵扣空间的反向指标：该代理变量取值越大，意味着企业可抵扣空间越小。表3-4报告了企业可抵扣空间程度对增值税实际税负的影响结果。其中列（1）至列（3）控制了行业和年度固定效应，列（4）至列（6）进一步控制了企业和年度双向固定效应。由表3-4可知，无论是否加入控制变量，企业可抵扣空间程度与其增值税实际税负均在1%水平正显著，假设3-1得以验证。这表明，企业在生产过程中，可抵扣空间程度越低，即无法获得进项税抵扣的成本就越多，这会导致更高的增值税税负。这一结果也十分符合实践，当企业由于自身成本结构原因越难以获得可抵扣的进项税时，所承担的增值税税负越重。

表3-4　可抵扣空间与企业增值税实际税负回归结果

VARIABLES	VATRATE (1)	VATRATE (2)	VATRATE (3)	VATRATE (4)	VATRATE (5)	VATRATE (6)
INPUTBASE	0.1601 *** (12.19)	0.0914 *** (7.10)	0.0923 *** (7.08)	0.1740 *** (9.32)	0.1284 *** (6.76)	0.1331 *** (6.96)

续表

VARIABLES	VATRATE (1)	VATRATE (2)	VATRATE (3)	VATRATE (4)	VATRATE (5)	VATRATE (6)
SIZE		− 0.0022 *** (− 3.27)	− 0.0023 *** (− 3.49)		− 0.0019 (− 1.21)	− 0.0021 (− 1.36)
LEV		− 0.0150 *** (− 4.52)	− 0.0130 *** (− 3.75)		− 0.0238 *** (− 4.27)	− 0.0252 *** (− 4.40)
FIRST		0.0000 (0.43)	0.0000 (0.43)		0.0002 ** (2.37)	0.0002 * (1.79)
SOE		− 0.0065 *** (− 4.76)	− 0.0060 *** (− 4.33)		− 0.0072 ** (− 2.00)	− 0.0060 * (− 1.79)
AGE		0.0000 (0.45)	0.0000 (0.62)		− 0.0005 * (− 1.74)	− 0.0005 ** (− 2.04)
GA		0.0761 *** (8.28)	0.0753 *** (8.11)		0.0589 *** (4.92)	0.0619 *** (5.13)
CAPITAL			0.0028 ** (2.08)			0.0042 ** (2.52)
INVENTORY			− 0.0062 (− 0.74)			0.0503 *** (3.70)
PPE			− 0.0076 (− 1.53)			− 0.0107 (− 1.37)
INTANGIBLE ASSETS			− 0.0180 (− 1.29)			− 0.0021 (− 0.11)
Observations	16 637	16 637	16 637	16 637	16 637	16 637
Industry FE	YES	YES	YES			
Firm FE				YES	YES	YES
Year FE	YES	YES	YES	YES	YES	YES
r2_a	0.188	0.228	0.230	0.0423	0.0627	0.0713

注：括号中报告的是 t 值，*、**、*** 分别表示在10%、5%、1%的统计水平下显著。

二、税负转嫁能力与企业增值税实际税负

（一）客户压力与税负转嫁能力

本章从客户和供应商两个方向考察企业对增值税税负的转嫁能力。参照既有研究（方红星，2016），采用前五大客户销售收入占总收入比例（*TOP5_SALES*）和前五大供应商采购额占总采购额比例（*TOP5_PUR-CHASE*）来衡量客户、供应商关系。我们认为，企业前五大客户销售收入占总收入比例代表着该企业销售的集中程度，从产业经济学的角度，一般认为代表该企业对大客户的依赖程度，这一比例越高意味着企业议价能力越低，即企业很难通过提升价格将税负转嫁给大客户。表3-5报告了客户压力对企业增值税实际税负的影响结果。其中列（1）至列（3）控制了行业和年度固定效应，列（4）至列（6）控制了企业和年度固定效应。由表3-5可知，无论是否加入控制变量，企业前五大客户集中度均与其增值税实际税负在1%水平正显著，假设3-2得以验证。这一结果符合企业与其客户的关系。客户越集中，企业面临来自客户的压力可能就越大，在谈判的过程中就会处于弱势地位，议价能力相对较低，因此企业往往难以将税负转嫁给客户；另外，企业面临较大客户压力时，需更完整地开具增值税专用发票，在销项税额上更难以隐藏，从而导致企业增值税实际税负增加。

表3-5　　　　　　　　客户压力与企业增值税实际税负回归结果

VARIABLES	VATRATE （1）	VATRATE （2）	VATRATE （3）	VATRATE （4）	VATRATE （5）	VATRATE （6）
TOP5_SALES	0. 0004 *** （9. 49）	0. 0003 *** （7. 54）	0. 0003 *** （7. 32）	0. 0004 *** （5. 64）	0. 0003 *** （4. 77）	0. 0003 *** （5. 24）
SIZE		- 0. 0023 *** （- 3. 48）	- 0. 0024 *** （- 3. 66）		- 0. 0032 ** （- 2. 01）	- 0. 0034 ** （- 2. 10）

续表

VARIABLES	VATRATE (1)	VATRATE (2)	VATRATE (3)	VATRATE (4)	VATRATE (5)	VATRATE (6)
LEV		-0.0187*** (-5.71)	-0.0175*** (-5.10)		-0.0245*** (-4.38)	-0.0262*** (-4.58)
FIRST		0.0000 (0.01)	-0.0000 (-0.01)		0.0002** (2.42)	0.0002* (1.84)
SOE		-0.0046*** (-3.37)	-0.0042*** (-3.01)		-0.0059* (-1.66)	-0.0047 (-1.41)
AGE		0.0000** (2.28)	0.0000** (2.30)		0.0003 (1.17)	0.0002 (0.87)
GA		0.0924*** (9.44)	0.0922*** (9.26)		0.0759*** (6.13)	0.0794*** (6.31)
CAPITAL			0.0030** (2.18)			0.0045*** (2.67)
INVENTORY			-0.0026 (-0.31)			0.0527*** (3.76)
PPE			-0.0030 (-0.61)			-0.0086 (-1.13)
INTANGIBLE ASSETS			-0.0081 (-0.59)			0.0082 (0.42)
Observations	16 637	16 637	16 637	16 637	16 637	16 637
Industry FE	YES	YES	YES			
Firm FE				YES	YES	YES
Year FE	YES	YES	YES	YES	YES	YES
r2_a	0.160	0.225	0.226	0.0173	0.0528	0.0616

注：括号中报告的是 t 值，*、**、*** 分别表示在 10%、5%、1% 的统计水平下显著。

（二）供应商约束与税负转嫁能力

而从供应商的方向，通常可以认为企业前五大供应商采购额占采购总额的比例代表着该企业采购的集中程度，一般认为代表该企业对主要供应商的依赖程度。我们认为该集中度与客户集中度存在差异，因为某企业前五大供应商，并不代表着该供应商的主要客户是该企业。因此，前五大供应商占比更可能意味着企业面临供应商的制约程度。表3－6报告了供应商制约对企业增值税实际税负的影响结果。同样的，列（1）至列（3）控制了行业和年度固定效应，列（4）至列（6）控制了企业和年度固定效应。由表3－6可知，无论是否加入控制变量，企业前五大供应商集中度与其增值税实际税负基本在1%水平正显著，假设3－3得以验证。这一结果可能的解释是，企业的供应商越集中，面临来自供应商的制约程度就越高，议价能力相对较低，无法应对供应商的提价诉求，难以将增值税税负转嫁给供应商。另外，在向供应商索取增值税专用发票的过程中也可能受阻，可抵扣进项税减少，最终导致企业增值税实际税负增高。

表3－6　　　　　　　　供应商制约与企业增值税实际税负回归结果

VARIABLES	VATRATE (1)	VATRATE (2)	VATRATE (3)	VATRATE (4)	VATRATE (5)	VATRATE (6)
TOP5_PURCHASE	0.0002 *** (6.34)	0.0001 *** (4.36)	0.0001 *** (4.18)	0.0001 *** (3.00)	0.0001 *** (2.64)	0.0001 ** (2.47)
SIZE		−0.0024 *** (−3.41)	−0.0024 *** (−3.54)		−0.0029 * (−1.87)	−0.0028 * (−1.83)
LEV		−0.0203 *** (−6.37)	−0.0197 *** (−5.91)		−0.0213 *** (−4.08)	−0.0230 *** (−4.25)
FIRST		0.0000 (0.56)	0.0000 (0.52)		0.0000 (0.02)	−0.0000 (−0.55)
SOE		−0.0030 ** (−2.19)	−0.0026 * (−1.86)		−0.0005 (−0.12)	0.0000 (0.00)

续表

VARIABLES	VATRATE (1)	VATRATE (2)	VATRATE (3)	VATRATE (4)	VATRATE (5)	VATRATE (6)
AGE		0.0000 *** (5.85)	0.0000 *** (5.48)		0.0000 (0.15)	− 0.0000 (− 0.19)
GA		0.0701 *** (7.75)	0.0699 *** (7.61)		0.0574 *** (5.09)	0.0603 *** (5.14)
CAPITAL			0.0040 *** (2.72)			0.0067 *** (3.72)
INVENTORY			0.0016 (0.18)			0.0495 *** (3.31)
PPE			− 0.0009 (− 0.19)			− 0.0022 (− 0.33)
INTANGIBLE ASSETS			0.0027 (0.19)			0.0260 (1.34)
Observations	11 195	11 195	11 195	11 195	11 195	11 195
Industry FE	YES	YES	YES			
Year FE	YES	YES	YES	YES	YES	YES
Firm FE				YES	YES	YES
r2_a	0.153	0.207	0.208	0.00982	0.0372	0.0477

注：括号中报告的是 t 值，*、**、*** 分别表示在10%、5%、1%的统计水平下显著。

三、异质性检验

参考既有研究，学者们通常认为税收费用在产权性质（刘骏和刘峰，2014），地域（毛德凤、彭飞和刘华，2016）、税收征管力度（高培勇，2014；吕冰洋，2013）、产业互联程度（范子英和彭飞，2017）等方面表现出异质性。由此，我们从以上角度对企业增值税有效税负的异质性进行考察。

（一）区分产权性质

在影响企业税负的诸多因素中，产权是较早受到关注的因素。刘骏和刘峰（2014）发现，我国民营企业税负显著高于国有企业。国有企业具有的天然的"政治背景"，使得国有企业具有很强的游说能力。同时，我国国企通常承担着一些原本应由政府承担的政策性负担，因此，政府可能会给予国有企业更多的政策优惠作为补偿。另外，国有企业高管的决策可能会偏离股东利益最大化的经营目标，而倾向于迎合基于经济增长、上缴利税等的官员晋升评价体系。因此，国有企业税负的影响因素与非国有企业税负的影响因素可能不完全相同。那么，针对不同产权性质的企业，本章所提出的增值税有效税负的影响因素是否会有不同呢？

　　由表3-7的第（1）和第（2）栏可见，无论是在国有企业还是非国有企业，都是可抵扣空间更低（人力资本要素投入较高）的企业增值税有效税负显著更高。因此，税制设计层面的可抵扣空间对企业增值税有效税负的影响并没有在产权性质方面表现出异质性，非国有企业人力资本投入每提高1个百分点，增值税有效税负上升0.1386%，而国有企业人力资本要素投入每提高1个百分点，增值税有效税负上升0.1286%。由表3-7的第（3）和第（4）栏可知，前五大客户集中度（Top5_sales）在产权性质上也没有表现出异质性，国有企业和非国有企业均在1%水平上显著正相关。而第（5）和第（6）栏则发现前五大供应商集中度（Top5_purchase）在产权性质上表现出了异质性，即国有企业供应商集中度越高则增值税税负越重，但在非国有企业组，相关系数为正但不显著。这一结果支持了刘骏和刘峰（2014）的发现，即国有企业具有上缴利税的压力，而非国有企业在产业竞争中能抗衡供应商的约束，向供应商转嫁增值税税负。

表3-7　　　　不同产权性质下企业增值税有效税负的影响因素

VARIABLES	（1）国有	（2）非国有	（3）国有	（4）非国有	（5）国有	（6）非国有
INPUTBASE	0.1286 *** (4.91)	0.1386 *** (5.38)				
Top5_sales			0.0003 *** (3.56)	0.0003 *** (3.60)		

续表

VARIABLES	(1) 国有	(2) 非国有	(3) 国有	(4) 非国有	(5) 国有	(6) 非国有
Top5_purchase					0.0001 ** (2.03)	0.0001 (1.41)
SIZE	0.0018 (0.87)	-0.0065 *** (-2.79)	0.0003 (0.14)	-0.0076 *** (-3.20)	-0.0026 (-1.35)	-0.0052 ** (-2.23)
LEV	-0.0271 *** (-3.25)	-0.0206 ** (-2.24)	-0.0274 *** (-3.39)	-0.0218 ** (-2.27)	-0.0241 *** (-2.96)	-0.0198 *** (-2.75)
FIRST	0.0001 (1.15)	0.0002 (1.41)	0.0001 (1.12)	0.0002 (1.43)	-0.0001 (-1.04)	0.0000 (0.13)
AGE	-0.0013 *** (-3.82)	-0.0002 (-0.43)	-0.0005 (-1.51)	0.0005 (1.07)	-0.0005 (-1.55)	0.0001 (0.17)
GA	0.0335 * (1.68)	0.0813 *** (5.38)	0.0545 ** (2.45)	0.0976 *** (6.27)	0.0458 ** (2.01)	0.0712 *** (5.01)
CAPTEX	0.0098 *** (2.61)	0.0010 (0.56)	0.0098 ** (2.58)	0.0014 (0.74)	0.0106 ** (2.32)	0.0042 ** (2.38)
INVENTORY	0.0294 * (1.87)	0.0405 * (1.85)	0.0301 * (1.88)	0.0403 * (1.78)	0.0380 * (1.90)	0.0436 * (1.85)
PPE	-0.0048 (-0.46)	-0.0119 (-0.96)	-0.0049 (-0.47)	-0.0074 (-0.60)	0.0093 (1.06)	-0.0124 (-1.04)
INTANGIBLE ASSETS	-0.0226 (-1.01)	0.0084 (0.26)	-0.0101 (-0.44)	0.0143 (0.43)	-0.0007 (-0.03)	0.0554 * (1.88)
Observations	8 506	8 131	8 506	8 131	5 320	5 875
Number of code	1 206	1 741	1 206	1 741	1 121	1 683
Firm FE	YES	YES	YES	YES	YES	YES
Year FE	YES	YES	YES	YES	YES	YES
r2_a	0.0502	0.0963	0.0401	0.0859	0.0401	0.0588

注：括号中报告的是 t 值，*、**、***分别表示在10%、5%、1%的统计水平下显著。

（二）区分不同行业

制造业企业与服务业企业具有不同的生产特征，对生产要素的依赖也存在很大差异。本书根据行业性质将样本企业区分为制造业组和服务业组。值得注意的是这一分类是证监会 2012 年按企业归属划分的，事实上中国上市公司存在普遍的混业经营情况，几乎所有上市公司都是一般纳税人。由表 3 – 8 第（1）和第（2）栏可以看出，无论是制造业企业还是服务业企业，增值税可抵扣空间与企业增值税有效税负均在 1% 水平下正显著，但制造业企业的 t 值更高，相关系数也更大。我们认为可能的原因是，制造业适用的增值税税率更高，相对而言人力资本要素投入每增加一个单位，对增值税有效税负的影响更大。第（3）和第（4）栏中前五大客户集中度（TOP5_SALES）在两组间均在 1% 水平上显著为正，未表现出异质性。第（5）和第（6）栏中前五大供应商集中度（TOP5_PURCHASE）则表现出了差异，在服务业组供应商越集中增值税有效税负越高，在 5% 水平下显著，在制造业组中未表现显著的相关性。

表 3 – 8　　　不同行业下人力资本要素与企业增值税有效税负的回归结果

VARIABLES	制造业	服务业	制造业	服务业	制造业	服务业
	VATRATE	VATRATE	VATRATE	VATRATE	VATRATE	VATRATE
INPUTBASE	0. 1428 ***	0. 1345 ***				
	(6. 83)	(3. 42)				
Top5_sales			0. 0002 ***	0. 0004 ***		
			(3. 89)	(3. 13)		
Top5_purchase					0. 0000	0. 0001 **
					(0. 87)	(1. 94)
SIZE	− 0. 0013	− 0. 0066 *	− 0. 0032 **	− 0. 0076 **	− 0. 0044 ***	− 0. 0059
	(− 0. 88)	(− 1. 86)	(− 1. 96)	(− 2. 04)	(− 2. 82)	(− 1. 51)
LEV	− 0. 0242 ***	− 0. 0119	− 0. 0243 ***	− 0. 0147	− 0. 0240 ***	− 0. 0202
	(− 4. 66)	(− 0. 68)	(− 4. 77)	(− 0. 83)	(− 3. 95)	(− 1. 37)

续表

VARIABLES	制造业	服务业	制造业	服务业	制造业	服务业
	VATRATE	VATRATE	VATRATE	VATRATE	VATRATE	VATRATE
FIRST	0.0000 (0.04)	−0.0000 (−0.16)	0.0000 (0.05)	−0.0000 (−0.11)	−0.0001 (−1.37)	−0.0001 (−0.55)
AGE	−0.0012*** (−4.56)	0.0010* (1.68)	−0.0004 (−1.46)	0.0020*** (3.25)	−0.0003 (−1.31)	0.0015** (2.49)
GA	0.0288** (2.35)	0.0918*** (4.16)	0.0478*** (3.56)	0.1084*** (4.97)	0.0491*** (3.03)	0.0685*** (3.87)
CAPTEX	0.0060*** (2.96)	0.0032 (1.31)	0.0061*** (2.92)	0.0036 (1.47)	0.0063*** (2.80)	0.0066** (2.13)
INVENTORY	0.0027 (0.18)	0.0816*** (3.53)	0.0050 (0.32)	0.0831*** (3.43)	0.0094 (0.56)	0.0655** (2.54)
PPE	−0.0072 (−0.92)	0.0012 (0.06)	−0.0082 (−1.07)	0.0095 (0.48)	−0.0049 (−0.71)	0.0284 (1.55)
INTANGIBLE ASSETS	0.0232 (1.13)	−0.0461 (−1.14)	0.0355* (1.74)	−0.0399 (−0.97)	0.0345* (1.79)	−0.0338 (−0.62)
Observations	12 901	3 736	12 901	3 736	8 899	2 296
Number of code	2 044	822	2 044	822	1 971	743
Firm FE	YES	YES	YES	YES	YES	YES
Year FE	YES	YES	YES	YES	YES	YES
r2_a	0.0620	0.101	0.0430	0.0978	0.0432	0.0627

注：括号中报告的是 t 值，*、**、*** 分别表示在 10%、5%、1% 的统计水平下显著。

（三）区分不同区域

中国各省区市之间的增值税税负差异较大，既有税收制度的原因，也有生产布局、征管能力方面的原因（牛其林，2011）。本书借鉴刘骏和刘峰（2014）、毛德凤等（2016）对区域的划分，按照注册地将样本企业划分为东部、中部、西部、东北及经济特区[①]。我们分别对可抵扣空间、客户压力、供应商约束进行考察。

首先，我们考察可抵扣空间与增值税税负的区域异质性。由表3－9可以看出，不同区域下，可抵扣空间对企业增值税有效税负的影响均在5%水平及以上显著为正，并没有产生明显差异，说明这一因素是税制设计层面造成的，在不同地域范围内广泛存在。但是根据回归系数我们可以发现，对于东部、西部、南部、北部、中部地区企业，人力资本要素投入每增加1个百分点，企业增值税有效税负上升0.086%、0.099%、0.156%、0.178%、0.167%，这说明不同区域的企业面临人力资本要素成本上升时，增值税有效税负变化不同，这可能与地区财政压力、税收征管能力等不同有关。

表3－9　　区域异质性：可抵扣空间与企业增值税有效税负的回归结果

VARIABLES	东部	中部	西部	东北	经济特区
	VATRATE	VATRATE	VATRATE	VATRATE	VATRATE
INPUTBASE	0.0860 ** (2.55)	0.0989 ** (2.37)	0.1561 *** (4.39)	0.1775 ** (2.60)	0.1674 *** (3.07)
SIZE	0.0027 (1.17)	－0.0071 ** (－2.51)	0.0006 (0.16)	－0.0048 (－0.82)	－0.0073 ** (－2.18)
LEV	－0.0232 *** (－3.03)	－0.0258 (－1.41)	－0.0279 ** (－2.17)	－0.0487 ** (－2.39)	－0.0216 ** (－2.01)
FIRST	0.0003 ** (2.08)	－0.0001 (－0.36)	0.0000 (0.13)	－0.0000 (－0.10)	0.0003 (1.18)
AGE	－0.0007 * (－1.91)	－0.0008 (－1.39)	－0.0009 (－1.29)	－0.0009 (－0.98)	0.0004 (0.62)

[①] 东部地区包括北京、天津、河北、江苏、上海、浙江、福建、山东、广东；中部地区包括山西、安徽、江西、河南、湖北、湖南；西部地区包括重庆、四川、贵州、云南、西藏、陕西、甘肃、宁夏、青海、新疆、内蒙古、广西；东北地区包括黑龙江、吉林、辽宁；经济特区包括深圳、珠海、汕头、厦门、海南。

续表

VARIABLES	东部	中部	西部	东北	经济特区
	VATRATE	VATRATE	VATRATE	VATRATE	VATRATE
GA	0. 0836 ***	0. 0548 **	0. 0708 ***	0. 0397 **	0. 0540
	(3. 18)	(2. 57)	(3. 58)	(2. 59)	(1. 40)
CAPTEX	0. 0040 **	− 0. 0012	0. 0121 **	0. 0127 **	− 0. 0009
	(2. 42)	(− 0. 19)	(2. 25)	(2. 46)	(− 0. 25)
INVENTORY	0. 0607 ***	0. 0212	0. 0391	0. 0814 **	0. 0585 **
	(3. 05)	(0. 54)	(1. 04)	(2. 17)	(2. 43)
PPE	− 0. 0084	− 0. 0217	− 0. 0097	0. 0481	− 0. 0276
	(− 1. 19)	(− 1. 13)	(− 0. 55)	(1. 56)	(− 1. 00)
INTANGIBLE ASSETS	0. 0177	0. 0475	− 0. 0541	− 0. 0210	0. 0012
	(0. 68)	(0. 90)	(− 1. 14)	(− 0. 23)	(0. 03)
Observations	6 813	2 791	3 001	1 128	2 904
Number of code	1 211	387	403	161	495
Firm FE	YES	YES	YES	YES	YES
Year FE	YES	YES	YES	YES	YES
r2_a	0. 0641	0. 0656	0. 0967	0. 0900	0. 0815

注：括号中报告的是 t 值，$*$、$**$、$***$ 分别表示在10%、5%、1%的统计水平下显著。

其次，我们考察客户压力对增值税税负影响的区域异质性。由表3－10可以看出，东部、中部、西部区域内，客户集中度与企业增值税有效税负分别在1%、10%和1%水平上显著正相关，而东北和经济特区则不够显著。我们认为，可能的解释是，这可能与不同地区市场环境有关。同时，也可能是由于这一分组方式导致东北和经济特区样本较少有关。

表3－10　区域异质性：前五大客户集中度与企业增值税有效税负的回归结果

VARIABLES	东部	中部	西部	东北	经济特区
	VATRATE	VATRATE	VATRATE	VATRATE	VATRATE
TOP5_SALES	0. 0004 ***	0. 0002 *	0. 0005 ***	0. 0002	0. 0001
	(3. 45)	(1. 81)	(3. 16)	(1. 04)	(0. 97)

续表

VARIABLES	东部	中部	西部	东北	经济特区
	VATRATE	*VATRATE*	*VATRATE*	*VATRATE*	*VATRATE*
SIZE	0.0019 (0.75)	− 0.0068 ** (− 2.59)	− 0.0010 (− 0.24)	− 0.0079 (− 1.37)	− 0.0108 *** (− 3.01)
LEV	− 0.0249 *** (− 3.21)	− 0.0262 (− 1.43)	− 0.0305 ** (− 2.44)	− 0.0488 ** (− 2.31)	− 0.0225 ** (− 2.10)
FIRST	0.0002 * (1.87)	− 0.0001 (− 0.61)	0.0001 (0.69)	− 0.0001 (− 0.19)	0.0002 (0.96)
AGE	− 0.0002 (− 0.63)	− 0.0003 (− 0.72)	0.0002 (0.27)	0.0002 (0.22)	0.0014 ** (2.43)
GA	0.0966 *** (3.81)	0.0704 *** (2.96)	0.0928 *** (4.51)	0.0534 *** (3.26)	0.0767 * (1.89)
CAPTEX	0.0043 *** (2.61)	0.0000 (0.01)	0.0117 ** (2.15)	0.0127 ** (2.37)	− 0.0008 (− 0.22)
INVENTORY	0.0676 *** (3.31)	0.0221 (0.56)	0.0442 (1.19)	0.0786 ** (1.98)	0.0494 * (1.87)
PPE	− 0.0062 (− 0.87)	− 0.0219 (− 1.18)	− 0.0073 (− 0.42)	0.0456 (1.52)	− 0.0224 (− 0.80)
INTANGIBLE ASSETS	0.0293 (1.16)	0.0542 (1.01)	− 0.0437 (− 1.03)	− 0.0009 (− 0.01)	0.0097 (0.23)
Observations	6 813	2 791	3 001	1 128	2 904
Number of code	1 211	387	403	161	495
Firm FE	YES	YES	YES	YES	YES
Year FE	YES	YES	YES	YES	YES
r2_a	0.0669	0.0594	0.0876	0.0654	0.0610

注：括号中报告的是 *t* 值，*、**、*** 分别表示在10%、5%、1%的统计水平下显著。

最后，本章还考察了供应商方向的税负转嫁能力是否表现出区域异质性。一般而言，学者们经常采取供应商集中度来衡量与供应商关系，如乔睿蕾和陈良华（2017）使用这一指标作为企业议价能力。由表3－11可见，东部地区和西部地区企业组前五大供应商集中度与增值税税负在5%水平上正相关。这说明企业供应商集中度越高意味着供应商约束能力越强，增值税税负越高。其机理在于企业越依赖于主要供应商，那么采购相关的业务经营风险可能越大，在与主要供应商议价谈判的过程中则处于不利地位。值得注意的是，由于本章所采取的前五大供应商集中度，并不代表这些供应商销售给某企业收入占所有收入的比例，因此这一指标并不是反映供应商对该企业的依赖程度。而且恰恰相反，反映的是企业受供应商约束的程度。

表3－11　　　区域异质性：前五大供应商集中度与企业增值税有效税负

VARIABLES	东部	中部	西部	东北	经济特区
	VATRATE	*VATRATE*	*VATRATE*	*VATRATE*	*VATRATE*
TOP5_PURCHASE	0.0002 ** (2.48)	0.0001 (1.29)	0.0003 ** (2.43)	0.0000 (0.00)	－ 0.0000 (－ 0.10)
SIZE	0.0002 (0.08)	－ 0.0064 ** (－ 2.38)	0.0029 (0.76)	－ 0.0063 (－ 1.30)	－ 0.0104 ** (－ 2.56)
LEV	－ 0.0231 ** (－ 2.52)	－ 0.0357 ** (－ 2.52)	－ 0.0241 ** (－ 2.16)	－ 0.0244 (－ 1.07)	－ 0.0169 (－ 1.50)
FIRST	－ 0.0001 (－ 0.84)	－ 0.0001 (－ 0.72)	－ 0.0001 (－ 0.54)	－ 0.0001 (－ 0.51)	0.0002 (0.73)
AGE	－ 0.0001 (－ 0.30)	－ 0.0007 (－ 1.37)	－ 0.0007 (－ 1.25)	－ 0.0002 (－ 0.28)	0.0012 ** (2.14)
GA	0.0925 *** (2.96)	0.0452 ** (2.39)	0.0789 *** (5.06)	0.0432 *** (2.97)	0.0320 (1.02)
CAPTEX	0.0059 ** (2.44)	0.0051 (0.88)	0.0140 *** (3.00)	0.0116 (1.49)	0.0019 (0.53)
INVENTORY	0.0656 *** (2.72)	0.0093 (0.25)	0.0418 (1.21)	0.0774 * (1.76)	0.0491 * (1.73)

VARIABLES	东部	中部	西部	东北	经济特区
	VATRATE	*VATRATE*	*VATRATE*	*VATRATE*	*VATRATE*
PPE	- 0. 0040 (- 0. 44)	- 0. 0126 (- 1. 00)	0. 0016 (0. 12)	0. 0026 (0. 08)	0. 0204 (0. 89)
INTANGIBLE ASSETS	0. 0275 (0. 84)	0. 0834 * (1. 92)	- 0. 0169 (- 0. 43)	0. 0441 (0. 50)	0. 0263 (0. 64)
Observations	4 715	1 858	1 983	748	1 891
Number of code	1 173	380	393	153	474
Firm FE	YES	YES	YES	YES	YES
Year FE	YES	YES	YES	YES	YES
r2_a	0. 0565	0. 0659	0. 0863	0. 0543	0. 0327

注：括号中报告的是 t 值，* 、* * 、* * * 分别表示在 10% 、5% 、1% 的统计水平下显著。

整体来看，区域层面异质性仅在供应商和客户两个方向的税负转嫁能力上有所体现，而可抵扣空间这一影响因素不太显著。我们认为一个合理的解释是，增值税税收的征管由国家税务局从中央到地方统一管辖，较少受地方政府经济政策的影响（吕冰洋，2014），由此看来税负变化在税制设计上受可抵扣空间的影响上应该是一致的。

（四）税收征管力度

如前文所述，税收征管力度是影响企业税收负担的重要因素（高培勇，2013；吕冰洋，2014）。本章参照纽林（Newlyn，2002）、梅尔滕斯（Mertens，2003）、曾亚敏和张俊生（2009）、叶康涛等（2011）的做法，构建一个关于税收征管力度（Tax Enforcement）的变量，具体来说，本章采用各地区实际税收收入与预期可获取的税收收入之比来衡量省份税收征管强度，并借鉴以下模型进行估测地区税收占 GDP 的比重：

$$\frac{T_{i,t}}{GDP_{i,t}} = \theta_0 + \theta_1 \frac{IND1_{i,t}}{GDP_{i,t}} + \theta_2 \frac{IND2_{i,t}}{GDP_{i,t}} + \theta_3 \frac{OPENNESS_{i,t}}{GDP_{i,t}} + \varepsilon_{i,t} \quad (3-6)$$

其中，$\dfrac{T_{i,t}}{GDP_{i,t}}$ 为 i 省份第 t 年本地税收收入与 GDP 比值；$IND1_{i,t}$ 为 i 省份第 t 年第一产业产值，$IND2_{i,t}$ 为 i 省份第 t 年第二产业产值；$OPENNESS_{i,t}$ 为地区开放度，为 i 省份第 t 年进出口总额。将各省份数据代入（3 - 7）式回归，得出估计系数并计算预期的 $\dfrac{T_{i,t}}{GDP_{i,t}}$，记为 $\dfrac{T_{i,t}}{GDP_{i,t}}\_est$，则各省份税收征管强度（TE）为：

$$TE = (T_{i,t}/GDP_{i,t})/(T_{i,t}/GDP_{i,t}\_est) \qquad (3 - 7)$$

由表 3 - 12 可知，在强征管力度地区与弱征管力度地区，可抵扣空间、前五大客户集中度和前五大供应商集中度与企业增值税有效税负均在 5% 水平以上显著正相关。可能的解释是，区域不同的征管力度对企业增值税有效税负的影响有限，也印证了前文对区域异质性的考察结果。

表 3 - 12　　　　不同税收征管力度下企业增值税有效税负的影响因素

VARIABLES	弱征管 VATRATE	强征管 VATRATE	弱征管 VATRATE	强征管 VATRATE	弱征管 VATRATE	强征管 VATRATE
INPUTBASE	0. 1549 *** (5. 59)	0. 1396 *** (5. 13)				
TOP5_SALES			0. 0003 *** (4. 18)	0. 0003 *** (3. 38)		
TOP5_PURCHASE					0. 0001 ** (2. 01)	0. 0001 ** (2. 14)
SIZE	− 0. 0015 (− 0. 74)	− 0. 0022 (− 0. 93)	− 0. 0030 (− 1. 46)	− 0. 0036 (− 1. 48)	− 0. 0001 (− 0. 07)	− 0. 0057 ** (− 2. 09)
LEV	− 0. 0259 *** (− 3. 77)	− 0. 0258 ** (− 2. 55)	− 0. 0263 *** (− 3. 79)	− 0. 0274 *** (− 2. 64)	− 0. 0164 ** (− 2. 47)	− 0. 0179 ** (− 1. 98)
FIRST	0. 0000 (0. 35)	0. 0002 (1. 61)	0. 0000 (0. 23)	0. 0003 * (1. 87)	0. 0001 (1. 05)	− 0. 0001 (− 1. 05)
AGE	− 0. 0008 ** (− 2. 28)	− 0. 0009 (− 1. 11)	0. 0001 (0. 19)	0. 0000 (0. 03)	− 0. 0002 (− 0. 63)	− 0. 0009 (− 0. 96)

VARIABLES	弱征管	强征管	弱征管	强征管	弱征管	强征管
	VATRATE	VATRATE	VATRATE	VATRATE	VATRATE	VATRATE
GA	0.0480 *** （3.49）	0.0619 *** （3.21）	0.0666 *** （4.97）	0.0815 *** （3.79）	0.0638 *** （4.85）	0.0517 ** （2.49）
CAPTEX	0.0058 ** （2.51）	0.0034 （1.49）	0.0058 ** （2.51）	0.0036 （1.55）	0.0078 ** （2.35）	0.0064 *** （2.91）
INVENTORY	0.0560 *** （3.03）	0.0368 ** （1.98）	0.0584 *** （3.04）	0.0401 ** （2.07）	0.0379 ** （2.18）	0.0386 * （1.84）
PPE	− 0.0205 * （− 1.83）	− 0.0019 （− 0.17）	− 0.0197 * （− 1.75）	0.0027 （0.24）	0.0036 （0.31）	− 0.0103 （− 0.89）
INTANGIBLE ASSETS	− 0.0075 （− 0.31）	− 0.0154 （− 0.48）	0.0009 （0.04）	− 0.0098 （− 0.31）	0.0217 （0.83）	0.0376 （1.17）
Observations	8 340	8 243	8 340	8 243	5 311	5 843
Number of code	2 193	2 390	2 193	2 390	1 964	2 181
Firm FE	YES	YES	YES	YES	YES	YES
Year FE	YES	YES	YES	YES	YES	YES
r2_a	0.0785	0.0627	0.0643	0.0519	0.0517	0.0433

注：括号中报告的是 t 值，* 、** 、*** 分别表示在 10%、5%、1% 的统计水平下显著。

（五）产业互联程度

产业互联程度是指某一产业依赖其他行业中间投入的程度。范子英和彭飞（2017）提出产业互联程度是影响增值税减税效应和分工效应的关键因素。我们参照范子英和彭飞（2017）的方法，采用 2012 年中间投入产出表，构建了一个产业互联程度（Supplier Enforcement）的变量，具体计算公式如下：

$$SE_{i,j,t} = \sum_{i=1}^{135} VATrate_{i,j,t} \times INPUTcons_{i,t} \qquad (3-8)$$

其中，i 为 2012 年中国投入产出表中的 135 个行业（$i = 1$，…，135），j 表

示地区（$j=1$，…，32），t 表示年份，$VATrate$ 是各个中间投入所在行业的增值税税率，根据增值税分行业、分地区的步骤准确查询其税率，如当年该行业为营业税则 $VATrate$ 为 0。$INPUTcons_{i,t}$ 是根据 2012 年中国投入产出表计算的各个行业所需要的其他行业的投入占比。与范子英和彭飞（2017）计算方法不同的是，我们对中间投入的系数进行了更准确的计算，我们采取 2012 年国家统计局发布的最新的中间投入产出表数据进行计算，得出的产业互联程度更为准确。回归结果如表 3 - 13 中第（1）到第（4）栏所示，可抵扣空间和客户压力对企业增值税有效税负的影响并没有因产业互联程度的不同而发生变化，均在 1% 水平显著。但是第（5）和第（6）栏中产业互联程度则展示出了异质性：当产业互联程度弱时，供应商集中程度越高，增值税税负越重；产业互联程度强时，供应商集中程度越高，相关关系越不显著。我们认为可能的解释是，在产业互联程度低时，企业能获取的可抵扣项有限，此时供应商约束更强，增值税税负较高。

表 3 - 13　不同产业互联程度下人力资本要素与企业增值税有效税负的回归结果

VARIABLES	弱产业互联	强产业互联	弱产业互联	强产业互联	弱产业互联	强产业互联
	VATRATE	VATRATE	VATRATE	VATRATE	VATRATE	VATRATE
INPUTBASE	0. 1601 ***	0. 1518 ***				
	(5. 86)	(4. 97)				
TOP5_SALES			0. 0003 ***	0. 0003 ***		
			(2. 76)	(3. 57)		
TOP5_PURCHASE					0. 0001 **	0. 0001
					(1. 95)	(0. 98)
SIZE	− 0. 0034	− 0. 0017	− 0. 0059 **	− 0. 0034	− 0. 0037	− 0. 0047 **
	(− 1. 53)	(− 0. 86)	(− 2. 52)	(− 1. 58)	(− 1. 55)	(− 2. 32)
LEV	− 0. 0198 **	− 0. 0226 ***	− 0. 0199 **	− 0. 0228 ***	− 0. 0176 **	− 0. 0193 **
	(− 2. 36)	(− 2. 80)	(− 2. 26)	(− 3. 04)	(− 2. 39)	(− 2. 10)
FIRST	0. 0001	− 0. 0002 *	0. 0002	− 0. 0002 *	0. 0001	− 0. 0003 ***
	(1. 14)	(− 1. 71)	(1. 57)	(− 1. 95)	(0. 71)	(− 2. 94)

续表

VARIABLES	弱产业互联	强产业互联	弱产业互联	强产业互联	弱产业互联	强产业互联
	VATRATE	VATRATE	VATRATE	VATRATE	VATRATE	VATRATE
AGE	−0. 0001 (−0. 30)	−0. 0018*** (−5. 11)	0. 0009** (2. 47)	−0. 0010*** (−2. 62)	0. 0004 (1. 09)	−0. 0008** (−2. 40)
GA	0. 0538*** (3. 37)	0. 0522*** (3. 49)	0. 0742*** (4. 48)	0. 0697*** (4. 13)	0. 0523*** (3. 28)	0. 0631*** (3. 75)
CAPTEX	0. 0028 (1. 35)	0. 0077*** (2. 66)	0. 0034 (1. 59)	0. 0074** (2. 50)	0. 0058** (2. 40)	0. 0083** (2. 39)
INVENTORY	0. 0609*** (3. 68)	0. 0038 (0. 15)	0. 0582*** (3. 28)	0. 0064 (0. 25)	0. 0319* (1. 68)	0. 0244 (0. 91)
PPE	−0. 0138 (−1. 22)	−0. 0108 (−1. 21)	−0. 0115 (−1. 01)	−0. 0101 (−1. 15)	−0. 0054 (−0. 53)	0. 0064 (0. 67)
INTANGIBLE ASSETS	0. 0113 (0. 42)	−0. 0183 (−0. 80)	0. 0143 (0. 53)	0. 0027 (0. 11)	0. 0450 (1. 58)	−0. 0010 (−0. 04)
Observations	8 620	6 507	8 620	6 507	5 587	4 529
Number of code	1 492	1 110	1 492	1 110	1 396	1 066
Firm FE	YES	YES	YES	YES	YES	YES
Year FE	YES	YES	YES	YES	YES	YES
r2_a	0. 0727	0. 0990	0. 0559	0. 0797	0. 0405	0. 0711

注：括号中报告的是 t 值，*、**、***分别表示在10%、5%、1%的统计水平下显著。

本章通过一系列异质性检验，发现以下两个特征。第一，可抵扣空间对企业增值税有效税负的影响并不存在异质性，我们认为这也是情理之中的：因为可抵扣空间，例如人力资本支出不可抵扣是税制设计在抵扣范围方面的普遍约束，并不会因为产权性质、区域、税收征管力度、产业互联程度的不同而不同，这也说明了我们发现的这一制度因素具有普遍性、重要性。第二，在企业微观层面中税负转嫁能力由两个方向的议价能力构成，即企业分别如何与客户和供应商围绕增值税进行博弈，本书的研究则发现企业面临客户压力普遍缺乏税负转嫁能力，而更可能将增值税税负向供应商转嫁。

第六节　进一步研究："营改增"对企业税负的影响

本章进一步采用双重差分法考察"营改增"政策冲击下以上三个因素对增值税税负的影响。本章参照陈钊和王旸（2016）、范子英和彭飞（2017），更细致地构建了多个虚拟变量以反映"营改增"的时间变化、地区变化和行业变化趋势。将所属行业为营业税行业的企业作为处理组，将非营业税行业的企业作为对照组，并构建如下双重差分模型：

$$VATRATE = \alpha_0 + \alpha_1 TREAT \times POST \times High + \alpha_2 TREAT \times POST \times Low$$

$$+ \alpha_3 TREAT + \alpha_4 POST + \delta X_{i,t-1} + \sum \lambda FIRM$$

$$+ \sum \gamma YEAR + \varepsilon_{i,t} \tag{3-9}$$

上述模型中，我们首先计算事前实验组各个公司前五大客户集中度（$TOP5\_SALES$）的中位数值 $Medi$，然后计算事前整个实验组前五大客户集中度的中位数值 MED_S，并设置虚拟变量 $Highsales$ 和 $Lowsales$，如果 $Medi > MED\_S$，则 $Highsales_i = 1$，否则 $Highsales_i = 0$；如果 $Medi < MED\_S$，则 $Lowsales_i = 1$，否则 $Lowsales_i = 0$。供应商集中度与可抵扣空间处理方法类似。如果我们的假设成立，则"营改增"前客户压力较大的企业，在"营改增"之后的增值税税负应当更重。实证检验的结果见表 3 - 14 第（1）栏，$Treat\_post\_Highsales$ 与企业增值税实际税负在 10% 水平显著正相关。同理，如果"营改增"前人力资本密集的服务业企业，在"营改增"之后增值税税负应当更重。表 3 - 14 第（3）栏显示，$Treat\_post\_HighINPUT$-$BASE$ 与企业增值税实际税负在 5% 显著正相关。遗憾的是，供应商的约束对原服务业企业"营改增"之后的增值税税负影响并不显著，我们认为可能存在以下几个现实原因：第一，我国在很大程度上仍然是买方市场，除非专有性较强的供应商，通常供应商对企业的约束较弱；第二，前五大供应商集中度并不能完全反映供应商对企业的制约，在某种程度上甚至是供

应商对企业存在依赖的体现，因此企业在采购的时候往往还是具有较强的税负转嫁能力。因此，综合来看，人力资本密集程度对原服务业行业在"营改增"后的影响程度是最高的，从经济意义上看，企业人力资本投入占收入比重每增加一个单位，会导致原服务业行业有效增值税率上升0.82%，而前五大客户占比每增加一个单位，原服务业行业在"营改增"后有效增值税率上升幅度为0.59%。

表3-14   "营改增"与企业增值税税负的影响机制分析

VARIABLES	(1) *VATRATE*	(2) *VATRATE*	(3) *VATRATE*
Treat_post_Highsales	0.0059 * (1.72)		
Treat_post_Lowsales	-0.0018 (-0.49)		
Treat_post_Highpurchase		0.0002 (0.05)	
Treat_post_Lowpurchase		0.0029 (0.93)	
Treat_post_HighINPUTBASE			0.0082 ** (2.45)
Treat_post_LowINPUTBASE			-0.0040 (-0.96)
SIZE	-0.0048 *** (-2.86)	-0.0048 *** (-2.89)	-0.0047 *** (-2.82)
LEV	-0.0268 *** (-4.57)	-0.0267 *** (-4.56)	-0.0266 *** (-4.55)
FIRST	0.0002 * (1.81)	0.0002 * (1.81)	0.0002 * (1.81)
SOE	-0.0051 (-1.49)	-0.0051 (-1.49)	-0.0051 (-1.50)

续表

VARIABLES	（1） *VATRATE*	（2） *VATRATE*	（3） *VATRATE*
AGE	0.0003 （1.26）	0.0003 （1.27）	0.0003 （1.25）
GA	0.0809 *** （6.36）	0.0808 *** （6.36）	0.0804 *** （6.35）
CAPITAL	0.0045 *** （2.65）	0.0044 *** （2.64）	0.0045 *** （2.67）
INVENTORY	0.0457 *** （3.27）	0.0455 *** （3.24）	0.0458 *** （3.28）
PPE	− 0.0095 （− 1.22）	− 0.0096 （− 1.23）	− 0.0096 （− 1.23）
INTANGIBLE ASSETS	0.0029 （0.14）	0.0028 （0.14）	0.0027 （0.13）
Observations	16 637	16 637	16 637
Number of code	2 657	2 657	2 657
Firm FE	YES	YES	YES
Year FE	YES	YES	YES
r2_a	0.0542	0.0541	0.0545

注：括号中报告的是 *t* 值，＊、＊＊、＊＊＊分别表示在10%、5%、1%的统计水平下显著。

第七节　本章小结

本章以 2003—2016 年沪深两市 A 股上市公司为研究对象，研究增值税实际税负在税制设计和企业微观层面的三个影响因素。研究发现：企业越受到可抵扣范围的限制，税负转嫁能力越低，增值税有效税负就越高。一系列的异质性检验还发现，可抵扣范围受限，例如人力资本投入不能抵扣对企业增值税有效税负的影响是一个广泛存在的问题，并没有在不同产权性质、行业、地区、税收征管强度以及产业互联程度中体现出异质性。从企业的税负转嫁能力看，由于买方市场占主导，企业向客户的税负转嫁能力较弱，而在供应商集中度低时，企业更容易通过税负转嫁降低增值税有效税负。本章还进一步利用 2012—2016 年"营改增"自然实验，发现"营改增"后服务业税负总体没有显著上升，但人力资本密集型服务业企业，即可抵扣空间受限的企业，增值税税负却显著上升。

"营改增"税制改革，把现代服务业纳入试点范围，目的之一是要降低税负以促进其发展。政府需要积极从增值税税制设计角度来促进、配合此次经济结构调整升级。基于本章的研究结论，本章认为在推进增值税改革的过程中，应考虑增值税制度对不同特征企业实际税负的异质性影响与经济扭曲，下一步的改革可能需要探讨如何进一步扩大增值税抵扣范围，促进企业间的公平竞争。

同时，本章对企业增值税税负的研究是一个基础性的、对增值税负变化事实的基本识别，以上发现为后文利用中国增值税领域两次重要改革的自然实验对增值税与投资的关系进行探讨提供了基础。

第四章　增值税遵从与企业
会计信息质量

　　本章构建了一个包括企业、客户—供应商和税务部门的模型，考察增值税遵从对会计信息的治理效应。文章检验发现，在同等情形下企业缴纳的增值税占所有税收比例越高，即嵌入增值税遵从链条越深，应计盈余管理和真实盈余管理的操纵行为受抑制程度越大。增值税遵从的独特作用机理在于进项税抵扣设计激励企业向供应商索取发票而形成约束，因而增值税遵从的治理效应沿客户—供应商关系传递。在一系列稳健性检验后，结果依然显著。进一步研究还表明，"营改增"使服务业企业信息质量有所下降，原因可能在于人工成本无法取得进项税抵扣导致增值税税负上升，这说明抵扣链的完整性影响了增值税遵从的约束效力。本章从理论上探讨了增值税税制设计对企业财务信息质量的治理作用并提供了经验证据，为理解增值税遵从对财务会计信息的治理作用提供了参考。

第一节　引　　言

　　近年来，税收作为一种外部约束机制能够对公司治理产生影响已成为学术界比较一致的共识（Desai & Dharmapala，2006；Desai，Dyck & Zingales，2007；Doideg & Dyck，2013）。由于税收体系的差异，西方学者更多地关注企业所得税和资本利得税的微观影响，而对增值税如何影响企业财务行为有所忽视。由此本章要探讨的是，增值税是否对财务会计信息产生影响，以及增值税区别于其他税种的独特作用机理。

为什么增值税可能会影响企业的财务会计信息呢？一是增值税与其他税种具有共同的外部监督功能（Desai，Dyck & Zingales，2007；郑志刚，2007；曾亚敏和张俊生，2009；叶康涛和刘行，2011；范子英和田彬彬，2013）。近期还有学者更具体地探讨了征管信息技术（如金税三期）对税收征管、企业避税行为以及实际税负的影响（张克中等，2020；樊勇等，2020）。二是本书更为关注的是增值税税制设计将供应商—客户形成环环相扣的抵扣链，这对企业财务会计行为具有激励性和约束性。具体的，增值税的税制设计不同于企业所得税，企业实际缴纳的增值税等于申报期的销项税额减进项税额。这种抵扣链设计将企业与其客户和供应商更紧密地联结在一起：某企业的客户会向其索取发票获得抵扣凭证，企业自身也会向供应商索取进项发票以抵减增值税销项税额。因此，增值税可能存在与企业所得税不同的影响机制和约束效果。

然而，在我们搜索范围内直接关于增值税与会计信息质量的研究十分稀少。既有文献主要研究了增值税转型和"营改增"两次改革对投资等财务活动的微观政策效果，包括对制造业绩效和回报率（范子英和彭飞，2017；马双等，2019；杨龙见等，2019；孙晓华等，2020；孙正等，2020）、融资约束（罗宏等，2012）、企业创新（刘行等，2019）、股票市场反应（刘行和叶康涛，2018）等方面的影响。而从供应商—客户角度考察增值税税制设计对企业财务信息操纵行为的约束作用还鲜有提及。

鉴于此，本章从增值税的税制设计出发，构建了一个包括企业、供应商和税务部门在内的理论模型。企业试图通过税收规避、盈余管理等方式扭曲会计信息获取收益时，不仅会面临税务部门的监管，还需要突破客户索取发票获得进项税抵扣的约束，这种压力会传导至该企业的供应商。本章认为，与其他税种相比，增值税遵从的独特性在于促使上下游相互约束，形成了环环相扣的客户和供应商制约链条，从而增加了盈余管理的成本，有助于抑制会计信息操纵行为。

本章间接估算了2003—2017年中国A股上市公司增值税实际税负，通过估算的增值税税负除以现金流量表中的"支付税金"来衡量增值税遵从程度。检验发现，在其他条件相同的情况下，增值税遵从程度越高，应计盈余管理和真实盈余管理的操纵行为受抑制程度越大。机制检验表明，增值税遵从沿客户—供应商关系传递而具有激励性，从而制约了企业盈余管理行为，但增值税遵从链条的完整性会影响其约束效应。上述发现在一系列稳健性检验后依然成立。为缓解内生性问题，我们还利用2012—2016年营业税改增值税的准自然实验，采用双重差分法进行检验，发现相对于控制组的制造业企业，原缴纳营业税为主的企业作为处理组在改革后由于避税动机导致盈余管理程度下降，但增值税遵从程度显著抑制了服务业企业的避税行为。这正好印证，相比抵扣链延长且完整度更高的制造业企业，服务业企业由于成本结构中人工成本占比高且不得抵扣，增值税遵从的约束性受到削弱。

本章有以下三方面的贡献和创新：第一，在理论机制上，本章从税制设计出发揭示了增值税遵从的独特机制在于形成客户—供应商约束链，使外部税收监督具有了自发的激励性与传导性。与本章相近的，珀曼兹（2015）考察了智利增值税检查冲击的传导效应，具体表现为收到税收稽查通知企业，其供应商的纳税申报额显著增加，这说明这些企业向其供应商索取增值税凭证以应对检查，进而证明了增值税约束的传导性。本章的区别之处在于，不仅揭示了税收层面增值税抵扣设计的激励性和传递性，还具体厘清了税收监督如何制约向上和向下盈余管理的机理。第二，在经验证据上，本章区别于既有的所得税与盈余管理研究，如叶康涛和刘行（2011）发现税收征管增加盈余管理成本、李增福等（2011）发现2007年所得税改革后企业预期所得税率上升而采取更多真实活动管理等结论。本章提供了关于第一大税种增值税如何影响盈余管理等会计信息操纵行为的证据，还发现2012—2016年"营改增"后尽管部分受冲击企业由于处于增值税遵从链条的末端而表现出避税动机，但被纳入增值税链条的企业，应计盈余和真实盈余操纵两种手段均受到抑制。本章也延伸了供应商—客户关系与公司财务行为领域的研究，区别于方红星和张勇（2016）检验发现供应商—客户关系型交易影响盈余管理进而影响审计师决策和岑等（2017）发现供应商关系影响企业所得税避税的研究视角，本章发现企业客户和供应商关系会影响增值税遵从的约束力度。第三，本章具有一定的政策启示意义。在税收信息和会计信息的关系层面，税收信息尤其是增值税信息的外部监督有助于提升会计信息质量，而长期以来上市公司信息披露规则对税收信息的披露要求有限，增加税收信息监督和披露可能有助于进一步提高会计信息质量。这为理解增值税改革对公司财务信息的影响提供了借鉴。

第二节 增值税抵扣制度、理论模型与研究假设

一、增值税抵扣制度

增值税的关键在于抵扣设计。2017年修订后的《中华人民共和国增值税暂行条例》明确规定纳税人销售货物、劳务、服务、无形资产、不动产，应纳增值税额为当期销项税额抵扣当期进项税额后的余额[①]，即应纳税额等于当期销项税额减当期进项税额。其中，"销项税额"为上述应税销售额乘以对应的税率，"进项税额"为纳税人购进货物、劳务、服务、无形资产，不动产支付或者负担的增值税额。并明确规定，"准予抵扣的项目和扣除率的调整，由国务院决定"。目前抵扣范围包括采购供应商的中间投入成本（包括生产经营用固定资产设备[②]、原材料及其他中间投入成本，但不包括生活消费类的投入）。也就是说，某企业的进项税额同时也是供应商的销项税额，由此形成抵扣链条。企业每个申报期实际缴纳的增值税则等于销项税额减进项税额。如果某个申报期"进项税额"大于"销项税额"，则不需要缴纳增值税，未抵扣完的进项税仍然可以

---

① 参阅2017年11月19日修改《中华人民共和国增值税暂行条例》第二次修订后第八条。

② 根据2008年12月19日财税〔2008〕170号《财政部、国家税务总局关于全国实施增值税转型改革若干问题的通知》，自2009年1月1日起，在全国实施增值税转型改革，增值税一般纳税人购进（包括接受捐赠、实物投资）或者自制（包括改扩建、安装）固定资产发生的进项税额，凭增值税专用发票、海关进口增值税专用缴款书和运输费用结算单据从销项税额中抵扣。

"留抵"①。

抵扣设计在微观层面对企业有两方面的影响：监督和激励。首先，增值税抵扣制度提供了一套抵扣链条上相互关联、可供追查的证据，这使税务部门可以交叉核对上下游的两家公司税务申报和抵扣记录，对企业形成了严厉的威慑。其次，本书更加强调的是增值税还具有"自我强化的激励性"。由于进项税额具有抵减销项税额、甚至获得返还的属性，一般纳税人②企业为节约现金流有充分的动力向供应商索取发票。进项税额抵扣必须在税务局系统中进行抵扣认证才可以抵减销项税。由此，增值税抵扣设计形成了企业、供应商和税务部门的三方机制，这使增值税遵从向供应商传递，税务部门得以借助互相关联的证据链实施信息监督③。

二、理论模型：增值税遵从、客户—供应商关系与会计信息质量

既有研究基本证实了企业所得税对避税、盈余管理等活动具有外部监督作用。与此相关的理论模型主要源于德赛、戴克和津加勒斯（2004）。他们较早进行探索，建立了一个包含税务部门、公司内部人和外部股东的理论模型。他们的关键假设是企业避税活动会使得公司账务更加模糊，导致内部人更容易掏空公司。而收入隐藏是存在成本的，内部人对收入隐藏的最优水平是其对收益和成本权衡之后的结果，内部人权衡的因素包括公司税率、持股比例、公司治理质量以及税收征管水平对质量的影响。德赛

---

① 根据 2019 年 4 月 30 日国税 2019 年第 20 号《关于办理增值税期末留抵税额退税有关事项的公告》，自 2019 年 4 月 1 日起试行增值税期末留抵税额退税制度，即使某企业收入对应的销项税额较长时间无法覆盖进项税额，也有机会从税务机关获得进项税额的返还。这也表明进项税抵扣销项税的制度设计存在对企业具有较强的激励性。

② 小规模纳税人不具有抵扣资格，即只按 3% 的"征收率"缴纳增值税，不得抵扣中间投入。因此小规模纳税人不仅缺乏动力寻求进项税，往往还成为虚开增值税专用发票的来源。本书的研究结论从侧面表明将小规模纳税人纳入增值税抵扣链，应该是未来增值税改革的方向；当然也应考虑小规模纳税人的税负承受能力。

③ 张克中等（2020）、樊勇等（2020）就增值税监管技术的提升进行了研究，金税三期系统的实施大大提高了税收征管能力。尤其在"营改增"后，在统一的税收信息系统下以往的地方税征管中的弹性空间被大大压缩了。

等（2014）的研究从侧面表明收入隐藏等盈余操纵行为会面临税收成本。

然而直接探究增值税对会计信息质量影响机制的研究非常稀少。相关的主要有彭慕兰（2015）对智利增值税改革的研究，文章以智利税务局实施的两项税收稽查为随机实验。第一项自然实验是税务局对所有44.5万家企业随机发出可能接受到外部税务审计的通知，考察这些接到"可能"面临稽查的企业是否会增加增值税申报额，实验发现收到通知企业的增值税申报额并未显著提升，这说明增值税可能已经替代外部审计发挥了对避税行为的监督作用。第二项自然实验是税务局对可能存在增值税避税行为的5 600家企业中的2 800家发送审计通知，作为处理组，另外2 800家则作为参照组不发送。结果发现处理组企业的供应商增值税申报额显著增加，这充分说明企业为降低自身税负向供应商寻求抵扣凭据，将压力传导至供应商。彭慕兰（2015）由此提出增值税具有双重约束机制：更强的信息监督和激励企业约束供应商。

本章的关注重点是增值税抵扣设计如何激励税收遵从沿供应商—客户关系传递。本章建立了一个包括企业、供应商和税务部门的模型，刻画增值税遵从传递如何形成信息的交叉比对和相互约束，进而对会计信息质量产生治理作用（见表4-1）。假定增值税链条上的企业 i，i 为 1，2，…，N，我们选取企业 i 与其供应商 $i-1$ 作为分析对象，事实上企业 i 与 $i+1$ 在销售和采购身份上的转换形成的抵扣循环与 $i-1$ 和 i 几乎等效。通常企业 i 会具有向上或向下的盈余管理动机。向上的盈余管理或操纵主要是在受到外部业绩压力的情形下虚增或提前确认收入，以及减少或延迟确认成本。同时，也存在操纵方向相反的向下盈余管理动机。而增值税遵从是否会沿供应商—客户关系对两种方向的非正常偏离发挥抑制作用呢？

表 4-1　　　　　　　　理论分析增值税遵从与企业盈余管理

操纵方向	$i-1$		i		$i+1$		i 利润表	i 资产负债表
	财务会计	税务会计	财务会计	税务会计	财务会计	税务会计		
向上	S_{i-1}	$\hat{S}_{i-1}$	$S_i \uparrow$	$\hat{S}_i \uparrow = \hat{C}_{i+1}$			销售额 $\uparrow$	应收款项 $\uparrow$
			$C_i \downarrow$	$\hat{C}_i \downarrow = \hat{S}_{i-1}$	C_{i+1}	$\hat{C}_{i+1}$	采购额 $\downarrow$	应付款项 $\downarrow$

续表

操纵方向	$i-1$		i		$i+1$		i利润表	i资产负债表
	财务会计	税务会计	财务会计	税务会计	财务会计	税务会计		
向下	S_{i-1}	$\hat{S}_{i-1}$	$S_i\downarrow$	$\hat{S}_i\downarrow=\hat{C}_{i+1}$			销售额↓	应收款项↓
			$C_i\uparrow$	$\hat{C}_i\uparrow=\hat{S}_{i-1}$	C_{i+1}	$\hat{C}_{i+1}$	采购额↑	应付款项↑

（一）增值税遵从如何抑制向上盈余管理行为

上市公司面临较大的业绩压力并试图实施向上盈余管理时[①]，可能采取虚增收入或提早确认收入，不确认或延迟确认成本两个主要途径。如果企业 i 采取虚增收入的手段，财务报表收入 S_i 上升至税务报表收入 $\hat{S}_i$，操纵方向是收入向上。如果企业 i 不与企业 $i+1$ 共谋，单方面虚增财务收入，在没有税务发票等证据支持的情形下，显然很容易被外部监督机构发现财务报表与税务报表的差异。因此通常企业 i 需与客户共谋，向客户开具发票，并完成资金流转，这意味着客户 $i+1$ 在税务系统中的成本 $\hat{C}_{i+1}$ 构成了对企业 i 销售收入的约束，即 $\hat{S}_i=\hat{C}_{i+1}$。企业 i 在该过程中的收入操纵往往相应地伴随着应收款项增加，而这种应计科目的非正常偏离则容易为盈余管理模型所捕捉。企业 i 还可能采取第二种手段，不确认或延迟确认成本，此时企业 i 的财务报表成本 C_i 降低，其操纵方向是成本向下。但是供应商 $i-1$ 收入的实现，也是以开具发票为基础确认的。具体的，$\hat{S}_{i-1}$ 作为供应商申报在税务系统的收入，构成了供应商 $i-1$ 对企业 i 操纵成本的约束，即 $\hat{C}_i=\hat{S}_{i-1}$。倘若企业 i 与供应商 $i-1$ 共谋，协商降低 i 的采购成本，那势必需要通过体外补偿供应商 $i-1$ 利益，相应地也会伴随企业 i 财务报表层面的应付款项下降，从而为应计模型所反映这种非正常偏离。

（二）增值税遵从如何抑制向下盈余管理行为

当企业试图实施向下盈余管理时，可能采取隐藏收入或延迟确认收入，

---

① 对上市公司而言由于受到业绩压力，盈余管理的主要动机是向上。如蔡春等（2013）对业绩约束条件下 IPO 盈余管理方式的研究也指出了这一点。当然，考虑到避税动机以及其他场景下，向下的盈余管理也十分常见，本书也对此进行了分析。

虚增或提早确认成本两个主要途径。如果企业 i 采取隐藏收入的手段,真实财务报表收入 S_i 降低至税务报表收入 $\hat{S}_i$,其操纵方向是收入向下。但企业 i 的客户 $i+1$ 通常希望获得抵扣凭据向税务部门申报所以其期望方向是成本向上的。因此,抵扣设计对企业 i(供应商身份)形成约束,即 $\hat{S}_i \downarrow = \hat{C}_{i+1}$。隐藏收入的方式至少需要企业 $i+1$(客户身份)同意以及利益让步,因为客户 $i+1$ 会失去该部分成本的进项税抵扣。因此企业 i 向下盈余管理中如果隐藏收入,会面临客户 $i+1$ 的约束。企业 i 还可能采取第二种手段虚增成本,从供应商 $i-1$ 获得更多的进项税抵扣凭据,此时企业 i 真实的财务报表成本 C_i 可以上升至税务报表成本 $\hat{C}_i$,其操纵方向是成本向上。但是供应商 $i-1$ 一般希望降低收入申报,其期望方向是收入向下的。因此,抵扣设计对企业 i(客户身份)形成约束,虚增成本的方式需要企业 $i-1$(供应商身份)同意以及利益让步,因为 i 会额外增加该部分的增值税负担。因此企业 i 向下盈余管理中如果虚增成本,会面临其供应商 $i-1$ 的约束。

(三) 税务部门与增值税遵从链条

税务部门作为知晓供应商—客户链条上各自申报的收入和成本金额的监督者,有能力对某企业 i 的销售额与供应商 $i-1$ 的销售额进行交叉比对,即确保 $\hat{S}_i = \hat{C}_{i+1}$ 或 $\hat{C}_i = \hat{S}_{i-1}$。2013 年金税工程第三期上线,进一步提升了税务部门的监管技术,要求能够对跨地区企业之间开具发票的明细项目进行交叉核对。所以增值税链条上的企业进行隐藏收入或者虚增成本时需要与客户或供应商共谋,保持税务申报额一致。而这种共同操纵成本除了对应的税金,很可能还包括为隐藏或构造交易需要承担的相关成本,例如在销售流程中的获取文件或物流信息等带来的成本,更不能忽视的是被稽查的风险和处罚成本。

值得注意的是,增值税遵从的有效性在于抵扣链的完整程度。有几种情形可能削弱增值税遵从机制。第一,处于增值抵扣链的终端,因缺乏抵扣动力而导致激励失效。彭慕兰(2015)提及了在销售终端环节增值税约束传导可能失效的情形,如在超市购买商品的终端客户 N,个人消费通常没有抵扣任何成本的需要。如果缺乏抵扣动力、未被纳入增值税链条或者不具备抵扣资格，可能会导致向供应商传导的抵扣激励失效。当然，增值税监管技术的发展足以弥补这一激励失效，比如无论终端消费者是否需要发票，税务机关要求销售信息与税务信息同步。第二，企业与客户或供应商共谋操纵。除非企业 i 向客户 $i+1$ 从体外汇款，否则客户 $i+1$ 无法隐藏真实现金流；或者向供应商投入真实的现金流采购，否则供应商缺乏真实现金流。即使企业投入真实现金流，这也会继续增加税收成本。因此，共谋操纵的后果是企业财务报表与税务报表会出现非正常的应收或应付款项，这是一种非正常的偏离。这种过度的偏离状态容易被以琼斯模型为代表的盈余管理模型所捕捉。基于以上分析，我们提出以下假设：

假设 4 - 1：在其他条件相同的情形下，增值税占企业税负的比重越高，企业盈余操纵程度越低。

三、增值税遵从约束机制

结合前文的分析，我们逐步建立如下模型，进一步讨论增值税治理作用机制。

（一）基准模型

对企业 i 做如下假设：①企业 i 某项销售收入为 1，即 $S_i = 1$；②α 为该项销售对应的采购金额占比，$\alpha \in [0, 1]$，于是 $C_i = S_i \times \alpha = \alpha$；③$\lambda$ 是供应商与客户的关系，衡量企业 i 与企业 $i-1$ 达成共谋操纵的程度，一般而言企业客户和供应商集中度越高、依赖度越高，更可能达成共谋；④d 是企业 i 操纵收入的比例，$d \in [-1, 1]$；⑤γ 是税务部门的监督力度。在不考虑增值税的情况下，企业所获得的收益是 $S_i \times (1 - d_s) - C_i \times (1 - d_c)$，整理后为 $1 - \alpha + d_s \times (\alpha \times \lambda - 1)$，借鉴德赛、戴克和津加勒斯（2007），由于企业 i 被发现操纵后面临的处罚成本与监督力度 γ 正相关，同时假定处罚成本是操纵程度 d 的凹函数，$C(d) = \dfrac{\gamma}{2} \times d^2$。于是，求解操纵净收益的最优化问题整理得：

$$\text{Max：} 1 - \alpha + d_s \times (\alpha \times \lambda - 1) - \frac{\gamma}{2} \times d^2 \tag{4-1}$$

最优解 $d_s^* = \min\left[\frac{(\alpha \times \lambda - 1)}{r}, 1\right]$

（二）引入增值税

在将增值税引入基础模型，此时我们增加假设⑥企业 i 的增值税率为 VAT_s，其供应商的增值税率为 T_c，令 $\theta = T_s / T_c$ 为企业 i 与其供应商的增值税率的差异率；

最优化问题整理为：$\text{Max：} T_c \times \left[\theta - \alpha + (\alpha \times \lambda - \theta) \times d_s\right] - \frac{\gamma}{2} \times d_s^2 \tag{4-2}$

最优解 $d_s^* = \min\left[\frac{\alpha \times \lambda \times T_c - \theta}{r}, 1\right]$

（三）引入企业所得税

引入企业所得税率 t，最优化问题为：

$$\text{Max：} (1 - T) \times T_c \times \left[(\alpha \times \lambda - \theta) \times d_s + \theta - \alpha\right] - \frac{\gamma}{2} \times d_s^2 \tag{4-3}$$

最优解 $d_s^* = \min\left[(1 - T) \times T_c \times \frac{(\alpha \times \lambda - \theta)}{r}, 1\right]$

我们进一步考察在企业需要同时缴纳增值税和所得税的实际情况下，会计信息盈余质量 d_s 与企业受增值税链条约束力度 λ 的关系。针对上述最优解，求会计信息盈余质量 d_s 对约束力度 λ 的导数，整理得式（4-4）：

$$\frac{\partial d_s}{\partial \lambda} = \frac{(1 - T) T_c \alpha}{r} \tag{4-4}$$

式（4-4）中 $1 - T$ 符号大于 0，即企业受增值税链条约束力度 λ 越大，盈余信息的操纵越低，会计信息质量就越高。由此我们提出假设 4-2：

假设 4-2：增值税对会计信息操纵行为的治理作用受客户—供应商关系制约。

第三节　数据、变量与研究设计

本章财务数据来源于国泰安经济金融数据库 2006—2018 年 A 股上市公司财务报表及附注中的披露数据。主要解释变量为企业层面的增值税负占支付税金的比例，数据来源于财务报表和附注信息，详见增值税变量计算的介绍。客户－供应商关系的度量来源于附注披露的前五大单位信息；并借鉴范子英和彭飞（2017）采用《2012 年中国投入产出表》更细致地构建了产业互联程度作为替代性指标。本章涉及的"营改增""地区—年度—行业"的政策冲击，来自手工整理的"营改增"政策文件。

一、被解释变量：会计信息质量

近年来，学者们主要采用德豪等（Dechow et al.，1995）的修正琼斯模型和麦克尼科尔斯（McNichols，2002）的 McNicols 模型这类应计利润质量模型来度量会计信息质量。这些应计质量模型主要思想是应计利润是公司未来现金流量的线性估计，当应计利润估计误差较小时更能代表未来现金流量。为了避免使用单一操控应计模型导致计量上的缺陷，本章同时使用以上两种模型计算绝对操纵应计利润。本章的会计信息质量 DA 为标准化后应计利润与非操控性应计利润差额，分别为式（4 – 5）和式（4 – 6）分年度和行业回归残差的绝对值。

$$\frac{TA_{i,t}}{A_{i,t-1}} = \beta_0 \frac{1}{A_{i,t-1}} + \beta_1 \frac{\Delta REV_{i,t} - \Delta AR_{i,t}}{A_{i,t-1}} + \beta_2 \frac{PPE_{i,t}}{A_{i,t-1}} + \varepsilon_{i,t} \qquad (4-5)$$

$$\frac{TA_{i,t}}{A_{i,t-1}} = \beta_0 \frac{1}{A_{i,t-1}} + \beta_1 \frac{\Delta REV_{i,t} - \Delta AR_{i,t}}{A_{i,t-1}} + \beta_2 \frac{PPE_{i,t}}{A_{i,t-1}} + \beta_3 \frac{CFO_{i,t-1}}{A_{i,t-1}}$$

$$+ \beta_4 \frac{CFO_{i,t}}{A_{i,t-1}} + \beta_5 \frac{CFO_{i,t+1}}{A_{i,t-1}} + \varepsilon_{i,t} \qquad (4-6)$$

在上述模型中，$TA_{i,t}$ 是公司 i 第 t 年的总应计利润（Total Accruals），参照德豪等（1995）应计利润的质量可以定义为营运资本应计利润能够变换为经营现金流量的程度，事实上该式中流动资产、流动负债变动的衡量即捕捉到了本书前述的企业与供应商、客户共谋引起应收应付款项变动带来的应计利润 $TA_{i,t}$。

$$TA_{i,t} = (\Delta CA_{i,t} - \Delta CL_{i,t} - \Delta Cash_{i,t} + \Delta STD_{i,t} - Dep_{i,t}) \qquad (4-7)$$

其中，$\Delta CA_{i,t}$ 是公司 i 第 t 年流动资产增加额，$\Delta CL_{i,t}$ 为公司 i 第 t 年流动负债增加额，$\Delta Cash_{i,t}$ 为公司 i 第 t 年货币资金增加额，$\Delta STD_{i,t}$ 为公司 i 第 t 年短期借款和一年内到期的流动负债增加额，$Dep_{i,t}$ 为公司 i 第 t 年折旧和摊销。式（4-5）~式（4-7）中其他各项含义如下：$A_{i,t-1}$ 为公司 i 第 $t-1$ 年末资产总额，$\Delta REV_{i,t}$ 为公司 i 第 t 年的营业收入增加额，$\Delta AR_{i,t}$ 为公司 i 第 t 年的应收账款增加额，$PPE_{i,t}$ 为公司 i 在第 t 年的固定资产，$CFO_{i,t-1}$、$CFO_{i,t}$、$CFO_{i,t+1}$ 分别是公司 i 在 $t-1$、t、$t+1$ 年经营活动现金流量净额，$NI_{i,t}$ 为公司 i 第 t 年的净利润。

此外，企业还可能采取真实盈余管理的手段，本章借鉴罗伊乔杜里（Roychowdhury，2006）和李增福（2011）的研究方法，从销售操控（如放宽销售限制条件、放宽信用政策、增加销售折让等）、生产操控（如扩大生产规模，降低单位产品成本）和费用操控（如削减或者转移研发支出、广告费和维修费用支出等）三方面度量真实盈余管理程度，这三种操控方式分别用来衡量企业的异常经营现金净流量（R_CFO）、异常产品成本（R_PROD）和异常酌量费用（R_DISEXP）。

首先，按式（4-8）~式（4-10）分年度和行业回归估算出计算出正常的经营活动现金流、正常产品成本和正常费用，回归得出的残差 R_CFO，R_PROD，R_DISEXP 分别刻画异常程度。

$$\frac{CFO_{i,t}}{A_{i,t-1}} = \beta_0 + \beta_1 \frac{1}{A_{i,t-1}} + \beta_2 \frac{SALES_{i,t}}{A_{i,t-1}} + \beta_3 \frac{\Delta SALES_{i,t}}{A_{i,t-1}} + \varepsilon_{i,t} \qquad (4-8)$$

$$\frac{PROD_{i,t}}{A_{i,t-1}} = \beta_0 + \beta_1 \frac{1}{A_{i,t-1}} + \beta_2 \frac{SALES_{i,t}}{A_{i,t-1}} + \beta_3 \frac{\Delta SALES_{i,t}}{A_{i,t-1}}$$
$$+ \beta_4 \frac{\Delta SALES_{i,t-1}}{A_{i,t-1}} + \varepsilon_{i,t} \qquad (4-9)$$

$$\frac{DISEXP_{i,t}}{A_{i,t-1}} = \beta_0 + \beta_1 \frac{1}{A_{i,t-1}} + \beta_2 \frac{SALES_{i,t-1}}{A_{i,t-1}} + \varepsilon_{i,t} \qquad (4-10)$$

其中，$CFO_{i,t}$表示第 t 期的经营活动现金净流量；$A_{i,t-1}$为公司 i 第 $t-1$ 年末资产总额；$SALES_{i,t}$表示第 t 期销售收入；$\Delta SALES_{i,t}$表示第 t 期的销售收入相比第 $t-1$ 期的销售收入变动额；$\Delta SALES_{i,t-1}$表示第 $t-1$ 期的销售收入相比第 $t-2$ 期的销售收入变动额；$PROD_{i,t}$为第 t 期的生产成本，是当期营业成本及存货变动额的总和；$DISEXP_{i,t}$表示第 t 期的可操控性费用，为销售费用与管理费用的总和。然后用式（4-11）综合反映真实盈余管理[①]的程度。

$$REM_{i,t} = Abs(R\_PROD_{i,t} - R\_CFO_{i,t} - R\_DISEXP_{i,t}) \qquad (4-11)$$

二、解释变量

（一）缴纳增值税占支付税金的比例

由于在利润表的会计科目中不存在"增值税"这一科目，企业也不披露增值税申报表信息，因此无法直接获取准确的企业增值税数据，这也是目前针对增值税的实证研究相对较少的原因。在本章所检索的范围内，相对准确的测量方法是采用其他与增值税存在一定比例关系的税种倒推计算，如城建税或者教育费附加。城建税的计税基础是当期企业实际缴纳的增值税、营业税和消费税之和，以其乘以不同地区的城建税税率就得到缴纳的城建税。教育费附加也是一种随同实际承担的流转税征收的附加税，计税基础与城建税相同，但税率统一为3%。这两种方法的缺点是：城建税税率根据纳税地有市一级7%，县一级5%和村镇1%的多档税率区分，从而无法倒推获得准确的计算金额；大量企业在利润表的营业税金及附加的明细科目中，往往将教育费附加和地方教育费附加混合在一起，或者列

[①] 在经济意义上 $R\_CFO_{i,t}$ 代表经营现金流的异常下降程度，以此衡量企业通过加大折扣或者放松信用条件获得更多收入、使得会计利润异常增加的程度；$R\_DISX_{i,t}$ 代表通过减少研发支出、广告费用和管理费用等酌量性费用，从而增加利润；而 $R\_PROD_{i,t}$ 代表的是公司通过扩大生产规模降低单位成本，从而衡量异常成本增加。因而，这三个部分与真实盈余管理的方向是，$R\_PROD_{i,t}$ 为正向，$R\_CFO_{i,t}$ 为负向，$R\_DISX_{i,t}$ 为负向。

示为"其他"，这同样会导致推算金额不准确，并存在较多的缺失值。

本章参照陈钊和王旸（2016）方法进行改进，首先将现金流量表中"支付的各项税费"调整为按权责发生制当期实际应承担的总体税收负担；然后，逐项扣除主税种所得税、营业税金及附加，以及管理费用中所涉及的各项税费。这种计算方法的优势在于：一是通常现金流量表中按收付实现制实际支付的税金，会有纳税缴款回单等书面证据，该金额准确度极高，而据此调整得出的权责发生制下的总体税收负担也非常准确；二是逐项扣除所得税、营业税金①及附加，避免了由于审计师披露程度不一致所导致的大量缺失数据，最后我们还对管理费用中明细科目所列示的"税""费"筛选扣除，尽可能地排除其他税种。具体而言，本章的计算方法为：

$$\begin{aligned}\text{企业当年增值税} =& \text{现金流量表中支付的各项税费} + \text{应交税费年末余额} - \text{应交税费年初余额} - \text{所得税}\\ &- \text{营业税金及附加} - \text{管理费用和销售费用中各项"税""费"}\end{aligned}$$

（二）作用机制的代理变量

本章所提出的增值税发挥外部监督效应的机理在于，增值税链条形成的信息交叉比对与激励作用，即增值税遵从沿客户—供应商关系传递，进而影响会计信息质量。综合既有研究及可能获取的个体层面信息，本章对企业与客户、供应商关系进行了刻画。主要参考方红星和张勇（2016）用前五大供应商的采购比例、前五大客户销售比例衡量企业与供应商、客户关系，以及用两者之和衡量企业与上下游的紧密程度，集中度越高则表明企业依赖程度越高，更可能达成共谋。此外，本章还构建了第二个机制的代理变量，借鉴范子英和彭飞（2017）的产业互联程度指标，构建一个某行业需要其他行业中间投入的加权综合进项税率指标，以此衡量企业能从供应商获得的进项税，这至少是一个合理的行业层面指标的代理方式。

① 2016年5月1日起，营业税改征增值税从试点向全国全面推开，2017年10月30日，国务院常务会议通过《国务院关于废止〈中华人民共和国营业税暂行条例〉和修改〈中华人民共和国增值税暂行条例〉的决定（草案）》，标志着实施60多年的营业税正式退出历史舞台，但在样本期间营业税仍然存在。

其他控制变量的计算参照既有文献，见表4-2。

表4-2   变量含义与计算方法

变量	变量含义	计算方法
被解释变量		
DA1	盈余操纵程度1	Dechow等（1995）修正琼斯模型的残差绝对值
DA2	盈余操纵程度2	McNichols（2002）模型的残差绝对值
REM	真实盈余管理	Roychowdhury（2006）及李增福等（2011）模型
解释变量		
VATRATIO	增值税占税收负担比例	估算的增值税/支付税金总额；其中，估算的增值税=支付的各项税费+应交税费年末初余额变动-所得税-营业税金及附加-管理费用中各项"税""费"；支付税金总额=现金流量表中支付税金
TOP5purchase	企业与供应商紧密程度	第t年前五大供应商采购额占采购总额之比
TOP5sales	企业与客户紧密程度	第t年前五客户销售收入占销售总额之比
TOP5ps	企业与上下游紧密程度	第t年前五大客户占比和前5大供应商占比之和
SE	与中间投入行业密切程度	如式（4-9）所衡量的其他产业的约束力度
其他变量		
VATRATE	增值税实际税率	第t年增值税/营业收入
BTRATE	营业税实际税率	第t年营业税/营业收入
CITRATE	企业所得税实际税率	第t年企业所得税/营业收入
控制变量		
SIZE	规模	第t-1年末总资产自然对数
LEV	资产负债率	第t-1年末总负债/总资产
ROA	资产收益率	第t-1年末净利润/总资产
BM	成长性	第t-1年末账面价值/市场价值
MANAGER	管理层持股比例	第t-1年末管理层持股比例
FIRST	第一大股东持股比例	第t-1年末第一大股东持股比例
Z	股权集中度	第t-1年末前五大股东持股的赫芬达尔指数
SOE	是否国有	第t-1年末产权性质为国有取1，否则为0
BIG4	审计师是否国际四大	第t-1年末审计师为国际四大取1，否则为0

变量	变量含义	计算方法
BOARD	董事会规模	第 $t-1$ 年末董事会人数的自然对数
OUT	独立董事占比	第 $t-1$ 年末独立董事人数占董事会人数的比例
DUAL	两职合一	第 $t-1$ 年末董事长与总经理为同一人取 1，否则为 0

三、模型设计

根据本章的研究假设建立如下基准模型，α_1 是会计信息质量与缴纳增值税占支付税收比例之间的相关系数。

$$
\begin{aligned}
DA_{i,t} ={}& \alpha_0 + \alpha_1 VATRATIO_{i,t-1} + \alpha_2 SIZE_{i,t-1} + \alpha_3 LEV_{i,t-1} + \alpha_4 LOSS_{i,t-1} \\
& + \alpha_5 BM_{i,t-1} + \alpha_6 MANAGER_{i,t-1} + \alpha_7 FIRST_{i,t-1} + \alpha_8 Z_{i,t-1} \\
& + \alpha_9 SOE_{i,t-1} + \alpha_{10} BIG4_{i,t-1} + \alpha_{11} BOARD_{i,t-1} + \alpha_{12} OUT_{i,t-1} \\
& + \alpha_{13} DUAL_{i,t-1} + \sum \lambda Industry + \sum \gamma Year + \varepsilon_{i,t}
\end{aligned}
\qquad (4-12)
$$

第四节 回 归 分 析

一、描述性统计

表 4-3 为主要变量的描述性统计。会计信息质量的衡量指标应计盈余 DA1 和 DA2 平均值分别为 0.13、0.12，标准差分别为 0.178 和 0.161，真实盈余管理程度 REM 均值为 0.17，标准差 0.174，与既有研究数据相近，且说明样本公司间会计信息质量差异较大。对关键解释变量估算的增值税与支付税金总额之比的均值为 0.87，标准差为 0.364。由于该比例的分子为本章估算的增值税负，分母为尽量准确衡量的税负负担，采用了现金流量表中的"支付税金总额"，主要经济意义在于衡量增值税负占企业支付税收的比重，说明上市公司受增值税约束的程度，与宏观税负存在一定差异。

表 4 - 3　　　　　　　　　　　主要变量的描述性统计

变量	观测值	均值	标准差	最小值	25 分位	中位数	75 分位	最大值
DA1	21 997	0.13	0.178	0.00	0.03	0.08	0.15	2.16
DA2	21 997	0.12	0.161	0.00	0.03	0.07	0.14	2.01
REM	18 736	0.17	0.174	0.00	0.05	0.11	0.22	1.19
VATRATIO	21 997	0.87	0.364	− 1.11	0.78	0.93	1.04	1.84
VATRATE	21 990	0.06	0.069	− 0.09	0.02	0.05	0.09	0.43
BTRATE	21 990	0.02	0.026	0.00	0.00	0.01	0.01	0.18
CITRATE	21 990	0.02	0.024	− 0.04	0.01	0.01	0.03	0.19
TOP5_purchase	14 064	35.33	20.718	3.62	19.66	30.66	47.14	100.00
TOP5_sales	19 623	30.27	22.103	0.95	13.87	24.22	41.35	99.98
SE	20 090	0.13	0.036	0.05	0.12	0.15	0.15	0.16
SIZE	21 997	21.93	1.262	18.83	21.03	21.78	22.66	26.17
LEV	21 997	0.46	0.224	0.04	0.28	0.45	0.62	2.00
LOSS	21 997	0.10	0.293	0.00	0.00	0.00	0.00	1.00
ROA	21 997	0.04	0.057	− 0.32	0.01	0.03	0.06	0.25
BM	21 997	0.91	0.894	0.05	0.35	0.61	1.11	6.92
MANAGER	21 997	0.10	0.184	0.00	0.00	0.00	0.11	0.70
FIRST	21 997	35.07	14.998	8.12	23.14	33.07	45.55	75.84
Z	21 997	0.54	0.207	0.21	0.37	0.50	0.71	0.98
SOE	21 997	0.45	0.498	0.00	0.00	0.00	1.00	1.00
BIG4	21 997	0.05	0.227	0.00	0.00	0.00	0.00	1.00
BOARD	21 997	2.16	0.200	1.61	2.08	2.20	2.20	2.71
OUT	21 997	0.37	0.052	0.25	0.33	0.33	0.40	0.57
DUAL	21 997	0.25	0.431	0.00	0.00	0.00	0.00	1.00

表 4 - 4 下半部分为 Pearson 相关系数，上半部分为 Spearman 相关系数，其中会计信息质量指标 DA1、DA2、REM 与增值税占支付税金比例 VATRATIO 均在 1% 水平显著，且相关系数为负，初步验证了本书的假设。

表 4 – 4

主要变量的相关系数

	DA1	DA2	REM	VATRATIO	VATRATE	BTRATE	CITRATE	TOP5purchase	TOP5sales	SE
DA1	1	0.56***	0.14***	-0.06***	-0.03***	-0.03***	-0.00	0.08***	0.01	-0.00
DA2	0.72***	1	0.13***	-0.06***	0.01	0.00	0.06***	0.06***	0.01	-0.03***
REM	0.22***	0.23***	1	-0.01	0.08***	0.05***	0.09***	-0.04***	-0.16***	-0.14***
VATRATIO	-0.05***	-0.08***	-0.03***	1	0.47***	0.07***	-0.04***	0.00	-0.02**	-0.01
VATRATE	0.01	0.03	0.11***	0.43***	1	0.56***	0.47***	0.02**	-0.13***	-0.20***
BTRATE	0.04***	0.06***	0.09***	0.00	0.52***	1	0.44***	-0.04***	-0.10***	-0.27***
CITRATE	0.05***	0.08***	0.12***	-0.06***	0.48***	0.42***	1	-0.00	-0.03***	-0.21***
TOP5purchase	0.08***	0.07***	-0.01	-0.02**	0.06***	0.05***	0.05***	1	0.29***	0.07***
TOP5sales	0.03***	0.01	-0.13***	-0.05***	-0.04***	-0.11***	0.02**	0.29***	1	0.26***
SE	-0.01	-0.03***	-0.15***	0.01	-0.13***	-0.32***	-0.17***	0.01	0.21***	1

注：上半部分报告了 Spearman 相关系数，下半部分报告了 Pearson 相关系数；$*** p<0.01$，$** p<0.05$，$* p<0.1$。

二、基准回归

本章首先对假设 4 - 1 进行验证，表 4 - 5 报告了对假设 4 - 1 的检验结果。第 1 ~ 2 列和第 4 ~ 5 列分别反映应计盈余质量 *DA*1 和真实盈余管理 *REM* 的回归分析情况，增值税占比 *VATRATIO* 的系数在 1% 水平均显著为负。这说明在其他条件相同的情形下，增值税占比越高，企业的应计盈余和真实盈余操纵均越受到抑制，从而企业会计信息质量越高，回归结果支持了本章的研究假设 4 - 1。

表 4 - 5　　　　　　　　　　　　　基准回归

VARIABLES	(1) DA1	(2) DA1	(3) DA1	(4) REM	(5) REM	(6) REM
VATRATIO	− 0. 0358 *** (− 9. 20)	− 0. 0308 *** (− 8. 16)	− 0. 0331 *** (− 8. 72)	− 0. 0173 *** (− 4. 11)	− 0. 0164 *** (− 4. 02)	− 0. 0168 *** (− 4. 07)
VATRATIO × *SIZE_demean*			− 0. 0085 ** (− 2. 50)			− 0. 0091 *** (− 2. 60)
SIZE		− 0. 0271 *** (− 13. 07)	− 0. 0197 *** (− 5. 29)		− 0. 0024 (− 0. 84)	0. 0056 (1. 34)
LEV		0. 0764 *** (7. 25)	0. 0773 *** (7. 35)		0. 1177 *** (8. 63)	0. 1177 *** (8. 63)
LOSS		0. 0266 *** (5. 46)	0. 0267 *** (5. 48)		0. 0922 *** (12. 45)	0. 0922 *** (12. 45)
ROA		0. 1780 *** (4. 65)	0. 1784 *** (4. 66)		1. 1998 *** (17. 04)	1. 1984 *** (17. 01)
BM		− 0. 0007 (− 0. 33)	− 0. 0008 (− 0. 39)		− 0. 0189 *** (− 6. 10)	− 0. 0190 *** (− 6. 13)
MANAGER		− 0. 0092 (− 0. 96)	− 0. 0094 (− 0. 98)		− 0. 0481 *** (− 3. 05)	− 0. 0480 *** (− 3. 04)

续表

VARIABLES	(1) DA1	(2) DA1	(3) DA1	(4) REM	(5) REM	(6) REM
FIRST		0.0014 *** (10.88)	0.0014 *** (10.87)		0.0011 *** (5.68)	0.0011 *** (5.67)
Z		− 0.0895 *** (− 10.02)	− 0.0893 *** (− 10.01)		− 0.0730 *** (− 5.44)	− 0.0730 *** (− 5.44)
SOE		− 0.0143 *** (− 4.25)	− 0.0144 *** (− 4.27)		− 0.0172 *** (− 2.99)	− 0.0172 *** (− 2.98)
BIG4		− 0.0059 (− 1.30)	− 0.0050 (− 1.09)		0.0205 (1.52)	0.0213 (1.57)
BOARD		− 0.0179 ** (− 2.37)	− 0.0176 ** (− 2.33)		0.0045 (0.35)	0.0048 (0.37)
OUT		0.0070 (0.26)	0.0089 (0.34)		0.0349 (0.81)	0.0370 (0.86)
DUAL		0.0013 (0.44)	0.0012 (0.39)		0.0080 * (1.72)	0.0079 * (1.70)
行业固定效应	是	是	是	是	是	是
年度固定效应	是	是	是	是	是	是
按公司聚类	是	是	是	是	是	是
观测值	21 994	21 994	21 994	18 735	18 735	18 735
r2_a	0.110	0.148	0.148	0.0480	0.146	0.146

注：括号中报告的是 t 值，* 、** 、*** 分别表示在10% 、5% 、1% 的统计水平下显著，后续表格相同。

从影响会计盈余信息含量的其他因素来看，第 2 ~ 3 列中规模 *SIZE*、前五大股东股权集中程度 *Z*、产权性质 *SOE*、董事会人数 *BOARD* 均显著为负，这分别说明规模大的上市公司可能受监管更严、稳健性越高；前五大股东集中度越高，盈余信息质量越高；国有企业会计行为越稳健，盈余质量较民营企业越高；董事会规模越大制衡程度越高，会计信息质量也就越高。而杠杆水平 *LEV*、是否亏损 *LOSS*、第一大股东持股比例 *FIRST* 相关系数在 1% 水平上显著为正，这分别说明负债水平越高的企业面临债务压力越大，操作盈余信息的动机越强；第一大股东持股越高，对上市公司的掏空动机越强，从而导致会计信息质量越差。第 5~6 列结果与此类似，不再赘述。

但我们还需更细致地控制企业规模的影响。由于企业规模越大，越容易受到税务部门关注，从而导致合规性和会计信息质量越高。本章将企业规模 *SIZE* 去均值化①后与解释变量交乘，此时关注的是解释变量 *VATRA-TIO* 的系数，其经济意义是对于平均规模企业，增值税对会计信息质量的作用。第 2~3 列结果显示相关系数仍然在 1% 水平负向显著，这说明在平均规模企业，增值税确实具有抑制盈余信息操纵的作用。

三、机制检验

根据前文的理论分析，增值税发挥作用机制的最佳度量方式是用企业能够获得进项税抵扣金额的实际数据衡量增值税遵从沿客户—供应商链条传递的制约程度，但目前上市公司并没有披露增值税申报表的义务。一个替代变量是选取供应商—客户关系的变量。上市公司财务报表附注中所披露的前五大客户和供应商占销售额、采购额的比重，往往代表着企业与客户和供应商的关系。本章引入前五大供应商采购额占比 *TOP5_purchase*、前五大客户销售收入占比 *TOP5_sales*，以及两者比例之和 *TOP5_ps* 衡量增值税遵从传递。从更细致的角度，客户集中度越高，该企业对大客户的依赖度越强，越可能与客户共谋，从而破坏增值税税收遵从约束的传导效应。供应商集中度越高，可能表明企业依赖该供应商，但未必表明该供应商过度依赖该企业。

表 4-6 的 Panel 1 汇报了应计盈余管理。第 1、第 3、第 5 列在基准模

---

① 本书也对 *SIZE* 与 *VATRATIO* 的交乘进行了检验，*SIZE*、*VATRATIO* × *SIZE* 以及 *VATRATIO* 三者系数均显著为负，这说明规模较大的企业可能增值税治理效应更显著，无法判断这种效应是否受 *SIZE* 影响所致。因此，本书在对 *SIZE* 去均值化后进行交乘，关注在平均规模的企业中增值税的治理作用。

型的基础上分别加入供应商集中度变量 $TOP5\_purchase$，客户集中度变量 $TOP5\_sales$，以及二者之和 $TOP5\_ps$。三者均在1%水平显著为正。这说明集中度越高，企业由于更依赖该供应商或客户，与依赖度更低的企业相比，越容易参与进行盈余管理。第2、第4、第6列显示加入与关键解释变量 $VATRATIO$ 交乘项后的估计系数，均在1%水平显著为负，这说明在集中度更高的企业上，增值税遵从的抑制效果更显著。以第三列为例，在经济意义上，交乘项的两个变量分别是增值税占主税种比例（百分比）和集中度变量（百分比），因而交乘项变动一个单位，盈余管理程度相应变动三个单位。

表4-6　　　　　　　　　　　　机制检验

VARIABLES	(1)	(2)	(3)	(4)	(5)	(6)
Panel 1：应计盈余管理	DA1	DA1	DA1	DA1	DA1	DA1
VATRATIO	-0.0287*** (-6.64)	-0.0287*** (-6.64)	-0.0302*** (-7.69)	-0.0302*** (-7.69)	-0.0279*** (-6.43)	-0.0279*** (-6.43)
TOP5_purchase	0.0006*** (7.32)	0.0006*** (7.33)				
VATRATIO × TOP5_purchase		-0.0000*** (-15.52)				
TOP5_sales			0.0003*** (3.99)	0.0003*** (4.00)		
VATRATIO × TOP5_sales				-0.0000*** (-14.70)		
TOP5_ps					0.0003*** (7.03)	0.0003*** (7.04)
VATRATIO × TOP5_ps						-0.0000*** (-14.81)
观测值	14 063	14 063	19 621	19 621	13 760	13 760
r2_a	0.144	0.144	0.152	0.152	0.146	0.146

续表

VARIABLES	(1)	(2)	(3)	(4)	(5)	(6)
Panel 2：真实盈余管理	*REM*	*REM*	*REM*	*REM*	*REM*	*REM*
VATRATIO	−0.0166 *** (−3.18)	−0.0165 *** (−3.15)	−0.0204 *** (−4.61)	−0.0230 *** (−4.91)	−0.0192 *** (−3.63)	−0.0190 *** (−3.61)
TOP5_purchase	0.0001 (0.95)	0.0001 (1.00)				
VATRATIO × *TOP5_purchase*		−0.0000 *** (−3.99)				
TOP5_sales			−0.0006 *** (−6.43)	−0.0007 *** (−6.51)		
VATRATIO × *TOP5_sales*				0.0001 * (1.79)		
TOP5_ps					−0.0002 *** (−2.84)	−0.0002 *** (−2.79)
VATRATIO × *TOP5_ps*						−0.0000 (−1.33)
观测值	12 202	12 202	16 746	16 746	11 935	11 935
r2_a	0.141	0.141	0.146	0.146	0.138	0.138
控制变量	是	是	是	是	是	是
行业/年/按公司聚类	是	是	是	是	是	是

Panel 2 汇报了真实盈余管理，有趣之处在于其与 Panel 1 的差异。第 1 列 TOP5_purchase 为正但不显著，第 3 列 TOP5_sales 在 1% 水平却显著为负，二者之和也在 1% 水平显著为负。这说明增值税遵从影响应计盈余管理和真实盈余管理的逻辑不一致。原因在于应计手段主要包括通过提前或延后确认收入、成本，但这会影响应收应付等对应科目，从而被应计盈余模型所捕捉；真实盈余管理主要包括销售操控、生产操控和费用操控等真

实手段。这可能是因为当客户集中度较高时，企业为弱势方，较难以采取销售操控等手段实施盈余管理。从产品市场竞争的角度而言，买方市场仍然占主导，企业较难以要求客户配合。

在实践中，很多企业的盈余操纵行为需要与客户和供应商（甚至是虚构的）共谋，如果有真实的现金流转，二者共谋往往容易造成资产负债表的相关应计科目长期偏离正常范围，容易被发现操纵应计科目，因此真实盈余管理手段常为学者们所关注。例如，李增福等（2011）发现2007所得税率改革后，企业倾向采取操纵真实活动进行盈余信息操纵。综上，本章的机制检验表明，增值税遵从沿客户—供应商关系展开而形成约束，其作用机理不同于企业所得税。

四、稳健性检验

（一）替换解释变量与被解释变量

出于稳健性考虑，本章替换解释变量为 $delta\_VATRATIO$，即本年度增值税占比 $VATRATIO$ 与上一年度的增量，还增添了被解释变量应计盈余管理 $DA2$。如表 4 - 7 所示，回归系数均在 1% 水平显著为负，与前面基准回归表 4 - 5 的方向一致，这增加了本章结论的稳健性。

表 4 - 7　　　　　　　　　替换解释变量和被解释变量

VARIABLES	(1) DA1	(2) DA2	(3) REM
$delta\_VATRATIO$	- 0.0087 *** (- 3.76)	- 0.0070 *** (- 3.37)	- 0.0110 *** (- 5.48)
控制变量	是	是	是
行业/年/按公司聚类	是	是	是
观测值	20 355	20 355	18 734
r2_a	0.130	0.126	0.148

（二）作用机制的替代变量

本章借鉴范子英、彭飞（2017）提出的产业互联程度，构造出某个行业来自其他行业中间投入的加权综合进项税率。首先，采用行业中间投入产出表加权计算获取某个行业①单位产出来自其他行业的投入系数。本章依据证监会 2012 年行业分类中的 90 个行业分类标准与最新的《2012 年中国投入产出表》中的 135 个行业进行——匹配，并以证监会分类为标准。然后，用每个行业消耗的其他行业的投入系数乘以对应行业的增值税率。具体衡量方式如下：

$$SE_{i,j,t} = \sum_{i=1}^{135} VATRATE_{i,j,t} \times INPUTcons_{i,t} \qquad (4-13)$$

其中，i 为 2012 年中国投入产出表中的行业（$i=1$，…，135），j 表示地区（$j=1$，…，31），t 表示年份，$VATRATE$ 是各个中间投入所在行业的增值税税率，如前文所述，我们获取了所有增值税税率调整文件，并根据"营改增"分行业、分地区的变化过程准确查询其税率，如当年该行业为营业税则 $VATRATE$ 为 0。

表 4-8 为回归结果，在第 1~第 3 列分别报告了交乘项 $VATRATIO \times SE$ 对三个被解释变量的影响，第 1 和第 3 列应计盈余管理、真实盈余管理程度分别在 5% 和 10% 水平上显著为正。这表明企业中间投入的加权综合进项税率越高，从其他行业可获得的进项税抵扣比例越高，越可能与相关

① 范子英和彭飞（2017）构建了产业互联指标，他们的构建方式是：第一步判断所属行业，获得修正后的 2012 年证监会行业代码；第二步以国民经济行业分类（GB/T 4754—2002）两分位行业代码为标准，与中国投入产出表的 135 个行业进行匹配，以获取企业所属 135 个行业的代码；第三步测算，$Wvat_{j,k,t} = \sum_{i=1}^{135} VATRATE_{m,k,t} \times Diret\_cons$。其中，$k$，$m$ 表示行业，j 表示地区，t 表示年份，$VATRATE$ 是指不同中间投入行业的增值税率，如果是营业税行业，则增值税率为 0，其他情况则可能为 6%、11%、13%、17%。$Direct\_cons$ 是指对应的中间投入行业的直接消耗系数。$Wvat$ 表示所要计算的行业加权增值税率，即为企业的产业互联度。本书的构建步骤与此基本一致，实质上该指标的"互联"更契合本书所描述的企业出于抵扣设计激励可以向供应商获得进项税抵扣的程度。由于该变量为行业变量，本书将其作为一个稳健性的替代指标，本书更细致之处是获取了全行业所有增值税税率的调整文件，并根据 2004—2009 增值税转型、2012—2016 年"营改增"分行业、分地区的变化，手工计算了一份确切的各年度全行业增值税税率。

行业供应商实施共谋行为。

表 4 - 8 　　　　　　　　　　增值税作用机制的替代变量

VARIABLES	(1) DA1	(2) DA1	(3) REM	(4) REM
VATRATIO	- 0. 0332 *** (- 8. 36)	- 0. 0685 *** (- 5. 54)	- 0. 0159 *** (- 3. 76)	0. 0667 *** (3. 39)
SE	0. 2675 ** (1. 98)		- 1. 8446 *** (- 6. 38)	
VATRATIO × SE		0. 2865 *** (3. 08)		- 0. 6710 *** (- 4. 46)
控制变量	是	是	是	是
行业/年/按公司聚类	是	是	是	是
观测值	20 090	20 090	17 137	17 137
r2_a	0. 140	0. 140	0. 156	0. 148

（三）　增值税避税动机影响治理效应吗

避税动机导致会计信息质量扭曲是一个有力的竞争性假说。实际税负较高组别的企业是否会由于避税动机更强从而操纵盈余信息呢？本书将上一年增值税实际税负 *VATRATE* 分为 5 组。如果上一年增值税实际税率更高的企业组别，进行盈余管理的动机越强，则相关系数将预期不显著，或者为正。表 4 - 9 汇报的结果却恰恰相反。Panel 1 应计盈余管理 *DA*1 五个组别系数均显著为负；在 Panel 2 真实盈余管理 *REM* 的前两组显著为负，后 3 组系数不显著但仍然为负。从经济意义上可能的解释是，增值税遵从对应计盈余管理和真实盈余管理均有抑制作用，但是避税动机驱动的真实盈余管理在实际税负过重时，抵消了增值税遵从的治理效应。由于应计盈利管理容易被监督、监测，在增值税遵从越来越强的情况下，企业则会倾向实施真实活动操纵盈余信息。因此，避税动机往往与增值税遵从的治理作用同时存在。

表 4 - 9   排除增值税负越高避税动机越强的解释

VARIABLES	（1）	（2）	（3）	（4）	（5）
上年增值税实际税率均值	- 0.61%	3.35%	5.48%	8.52%	17.80%
Panel 1：应计盈余管理	DA1	DA1	DA1	DA1	DA1
VATRATIO	- 0.0241 *** (- 3.99)	- 0.0315 *** (- 3.31)	- 0.0364 *** (- 3.82)	- 0.0515 *** (- 4.38)	- 0.0316 *** (- 3.05)
观测值	4 070	4 070	4 070	4 070	4 070
r2_a	0.132	0.136	0.146	0.159	0.120
Panel 2：真实盈余管理	REM	REM	REM	REM	REM
VATRATIO	- 0.0185 *** (- 2.87)	- 0.0254 *** (- 3.20)	- 0.0094 (- 1.10)	- 0.0113 (- 1.09)	- 0.0197 (- 1.62)
观测值	3 561	3 795	3 836	3 792	3 749
r2_a	0.0643	0.116	0.161	0.186	0.257
控制变量	是	是	是	是	是
行业/年/按公司聚类	是	是	是	是	是

我们还采用分位数回归方法进行验证。由于 OLS 回归是均值回归，容易受到极端值的影响。分位数回归不仅能够缓解遗漏变量导致的内生性问题，还能够分析在特定分位数处自变量对因变量的边际效应。表 4 - 10 汇报了在 VATRATIO 上 10% 、20% 、⋯、90% 等 9 个分位数上回归。

被解释变量应计盈余管理 DA1 在 9 个分位数上均为负向显著，且系数和 t 值总体呈增大趋势。VATRATIO 分位数越大，其抑制作用越明显。这很可能是由于税负越重，企业避税动机越强所致。被解释变量 DA2 除 10% 分位数负相关不够显著外，其余分位数趋势与 DA1 类似。这很可能是由于税负越重、企业避税动机越强，而受增值税抑制越大所致。而对被解释变量真实盈余管理 REM 与应计盈余管理 DA1 和 DA2 的趋势存在差异。有趣之处在于，REM 在 50% 分位数以下不显著，而 VATRATIO 分位数 50% 以上则在 1% 水平显著为负，这恰恰说明增值税税负占比较高时，其对真实盈余活动的抑制作用才开始凸显。

表4－10　在解释变量 *VATRATIO* 的9个分位数上进行分位数回归

VARIABLES	q10	q20	q30	q40	q50	q60	q70	q80	q90
DA1									
VATRATIO	-0.0020 * (-1.92)	-0.0058 *** (-3.78)	-0.0088 *** (-5.96)	-0.0118 *** (-5.88)	-0.0134 *** (-5.61)	-0.0176 *** (-5.34)	-0.0246 *** (-6.73)	-0.0395 *** (-8.84)	-0.0654 *** (-9.27)
观测值	21 994	21 994	21 994	21 994	21 994	21 994	21 994	21 994	21 994
DA2									
VATRATIO	-0.0012 (-1.59)	-0.0032 *** (-2.84)	-0.0062 *** (-3.69)	-0.0072 *** (-4.31)	-0.0091 *** (-4.28)	-0.0130 *** (-4.45)	-0.0197 *** (-6.23)	-0.0300 *** (-5.64)	-0.0565 *** (-6.31)
观测值	21 994	21 994	21 994	21 994	21 994	21 994	21 994	21 994	21 994
REM									
VATRATIO	0.0006 (0.55)	-0.0004 (-0.20)	-0.0007 (-0.31)	-0.0023 (-0.74)	-0.0057 * (-1.86)	-0.0095 *** (-3.28)	-0.0110 *** (-2.83)	-0.0207 *** (-3.27)	-0.0377 *** (-3.13)
观测值	18 735	18 735	18 735	18 735	18 735	18 735	18 735	18 735	18 735
控制变量	是	是	是	是	是	是	是	是	是
行业/年/按公司聚类	是	是	是	是	是	是	是	是	是

第五节　进一步研究："营改增"对会计
信息质量的影响及原因

一、"营改增"政策评价

"营改增"是一个较好的政策冲击，既有助于我们更全面了解增值税政策对原服务业行业的影响，也有助于应对因果关系识别中的内生性问题。"营改增"从 2012 年 1 月至 2016 年 5 月经历了从上海试点实施，分地区、分行业逐步推广至全国的过程。具体而言，2012 年 1 月 1 日，上海市的交通运输业（包括陆路、水路、航空、管道运输）和六个现代服务业（包括研发和技术、信息技术、文化创意、物流辅助、有形动产租赁、鉴证咨询服务）作为试点行业（以下简称"1 + 6"行业）从适用营业税改为适用增值税。2012 年 8 月 1 日起，试点的"1 + 6"行业由上海市扩展至北京、天津、江苏、安徽、浙江、福建、湖北、广东 8 个省市。2013 年 8 月 1 日"1 + 6"行业扩展至全国。2014 年 1 月 1 日起，铁路运输和邮政业被纳入试点行业，在全国范围内一次同步实施。2014 年 6 月 1 日起，电信业也被纳入全国营业税改征增值税试点范围。2016 年 5 月 1 日起，建筑业、房地产业、金融业和生活服务业四个最后的营业税行业也开始实行增值税。

"营改增"是试点性质的改革，分行业、分地区逐年推行，因而具有行业、时间和地区三个维度的趋势效应。本章参照贝克（2010）采用的动态双重差分法对美国在 20 世纪 70 ~ 90 年代期间对各州逐步放松银行开设分支机构管制的研究方法，构建如下模型：

$$Y = \alpha_0 + \alpha_1 TREAT_{province, ind, year} + \delta X_{i, t-1} + Firm + Year + \varepsilon_{i, t} \qquad (4 - 14)$$

上述模型中，$Firm$ 和 $Year$ 分别表示公司和年份层面的固定效应，$X_{i, t}$ 是其他控制变量，$\varepsilon_{i, t}$ 是误差项。我们关注的变量是 $TREAT_{province, ind, year}$ 实际上是考虑了省份虚拟变量、行业虚拟变量和实施"营改增"之后年份虚拟变量的交乘项，具体如下：

$$TREAT_{province,ind,year} = TREAT_{province} \times TREAT_{ind} \times TREAT_{year} \qquad (4-15)$$

第一次"营改增"政策冲击是 2012 年的试点政策，当公司注册地属于上海和北京、天津、江苏、安徽、浙江、福建、湖北、广东 8 个省市时，$TREAT_{province}$ 取 1，其他为 0；当公司所属行业为 1 个交通运输和 6 个现代服务业时 $TREAT_{ind}$ 取 1，其他为 0；当年份在 2012 年及之后时 $TREAT_{year}$ 取 1，其他为 0。此后的各期政策，若随公司被"营改增"政策覆盖，则虚拟变量 $TREAT$ 取 1，否则为 0。本章最关注的是动态的差分项系数 α_1，衡量的是"营改增"政策冲击导致增值税缴纳比例提升对会计信息质量的影响。多期政策冲击的双重差分法回归结果如表 4 - 11 所示。我们首先关注 $TREAT$ 系数 α_1 的变化，政策趋势项 $TREAT$ 的系数均显著为正，这说明对原缴纳营业税的企业而言，税负可能增加从而导致企业避税动机上升。但"营改增"政策冲击与增值税占比的交乘项 $TREAT \times VATRATIO$ 分别在 1% 和 10% 水平上显著为负，则说明 $VATRATIO$ 较高的企业会计信息质量受税负上升影响程度更轻，增值税遵从削弱了服务业可能由于税负上升驱动的盈余管理的水平。

表 4 - 11　　　　　　　"营改增"对会计信息质量的影响

VARIABLES	(1) DA1	(2) DA1	(3) DA1	(4) REM	(5) REM	(6) REM
TREAT	0.0393 *** (7.07)	0.0760 *** (7.33)	0.0735 *** (6.97)	0.0166 ** (2.19)	0.0231 * (1.68)	0.0378 *** (2.69)
TREAT × VATRATIO		-0.0476 *** (-5.38)	-0.0401 *** (-4.44)		-0.0160 (-1.24)	-0.0251 * (-1.90)
VATRATE	-0.0850 *** (-3.48)		-0.0716 *** (-2.87)	0.1048 *** (2.80)		0.1134 *** (2.96)
BTRATE	0.3052 *** (3.52)		0.2833 *** (3.26)	0.4655 *** (3.50)		0.4514 *** (3.38)
SIZE	-0.0257 *** (-13.39)	-0.0257 *** (-13.42)	-0.0258 *** (-13.42)	-0.0029 (-1.01)	-0.0026 (-0.92)	-0.0029 (-1.01)

续表

VARIABLES	(1) DA1	(2) DA1	(3) DA1	(4) REM	(5) REM	(6) REM
LEV	0.0880 *** (8.75)	0.0906 *** (9.09)	0.0880 *** (8.76)	0.1287 *** (9.35)	0.1216 *** (8.95)	0.1288 *** (9.36)
LOSS	0.0258 *** (5.47)	0.0246 *** (5.30)	0.0259 *** (5.48)	0.0881 *** (12.48)	0.0926 *** (12.45)	0.0881 *** (12.48)
ROA	0.1853 *** (4.96)	0.1745 *** (4.79)	0.1826 *** (4.88)	1.1643 *** (17.53)	1.2080 *** (17.14)	1.1624 *** (17.49)
BM	− 0.0043 ** (− 2.00)	− 0.0042 ** (− 1.98)	− 0.0042 * (− 1.95)	− 0.0194 *** (− 6.03)	− 0.0197 *** (− 6.08)	− 0.0194 *** (− 6.01)
MANAGER	− 0.0120 (− 1.42)	− 0.0125 (− 1.48)	− 0.0123 (− 1.45)	− 0.0427 *** (− 2.72)	− 0.0487 *** (− 3.08)	− 0.0431 *** (− 2.74)
FIRST	0.0013 *** (10.86)	0.0013 *** (10.85)	0.0013 *** (10.88)	0.0011 *** (5.44)	0.0011 *** (5.51)	0.0011 *** (5.45)
Z	− 0.0868 *** (− 10.28)	− 0.0860 *** (− 10.19)	− 0.0867 *** (− 10.29)	− 0.0711 *** (− 5.37)	− 0.0714 *** (− 5.34)	− 0.0710 *** (− 5.36)
SOE	− 0.0142 *** (− 4.46)	− 0.0136 *** (− 4.28)	− 0.0142 *** (− 4.44)	− 0.0180 *** (− 3.18)	− 0.0175 *** (− 3.06)	− 0.0179 *** (− 3.17)
BIG4	− 0.0054 (− 1.21)	− 0.0050 (− 1.10)	− 0.0054 (− 1.21)	0.0201 (1.51)	0.0211 (1.55)	0.0202 (1.52)
BOARD	− 0.0205 *** (− 2.92)	− 0.0209 *** (− 2.97)	− 0.0204 *** (− 2.90)	0.0021 (0.17)	0.0034 (0.27)	0.0022 (0.18)
OUT	0.0071 (0.29)	0.0056 (0.23)	0.0077 (0.32)	0.0312 (0.73)	0.0341 (0.80)	0.0319 (0.75)
DUAL	0.0012 (0.42)	0.0012 (0.43)	0.0012 (0.42)	0.0085 * (1.84)	0.0078 * (1.69)	0.0085 * (1.84)
观测值	21 987	21 994	21 987	18 735	18 735	18 735
行业/年/按公司聚类	是	是	是	是	是	是
r2_a	0.142	0.141	0.142	0.152	0.147	0.152

二、人工成本不得抵扣造成增值税遵从激励不足

前文对"营改增"进行政策评价时，发现服务业企业可能由于税负上升导致避税动机上升，而使会计信息质量下降。进一步地，我们讨论增值税约束机制是否以及为何在服务业行业约束力有所削弱呢？我们认为，这源于服务业企业的增值税遵从链条尚不够完整。增值税遵从约束机制能有效发挥作用的关键在于，上下游抵扣链条具有完整性和激励性，从而能刺激企业约束供应商，使增值税遵从沿客户 - 供应商关系传递。但是对服务业类型企业而言，一般人工成本的占比相对于制造业更高，按现行增值税税制，缴纳增值税时人工投入不属于抵扣范围。这可能会导致其一方面需要向客户开具销项发票，另一方面由于人工成本占比过高、可以获得进项税抵扣向供应商转嫁的比例较低。因而，这部分企业既受增值税链条约束的程度较轻，又缺乏抵扣激励和约束力去向供应商获得抵扣凭证，从而可能导致增值税遵从激励不足。

本章采取两种方法进行检验。首先，引入人工成本占比 *SALARYRATIO* 与基准模型中关键解释变量增值税缴纳占税收比例 *VATRATIO* 做交乘，观察其调节效果。其次，仍然利用"营改增"的政策背景观察受政策冲击的企业，将人工成本占比与动态差分项交乘。在表 4 - 12 的 Panel 1 中，第 1 和第 3 列分别报告了加入人工成本占比 *SALARYRATIO* 对应计和真实盈余管理活动的影响，系数分别在 10% 水平显著为负和 1% 水平显著为正。这说明在成本结构中人工成本较高，与供应商共谋的空间较低，应计盈余管理的空间相对较小；且增值税遵从激励不足，这促使企业采用更多真实盈余管理手段。第 2 和第 4 列则加入了交乘项 *TREAT* × *SALARYRATIO*，第 2 列系数在 1% 水平上显著为正，后者在 1% 水平上显著为负。这说明对于增值税抵扣链条不够完整、激励不足的企业，增值税的抑制应计盈余管理效果较差，而抑制真实盈余管理的效应更强。在表 4 - 12 的 Panel 2 中，采取了双重差分法进行检验，关注的是双重差分项与人工成本占比的交乘项。在第 1 ~ 2 列 *TREAT* 项与表 4 - 11 方向一致。但交乘项系数 *TREAT* × *SALA-*

RYRATIO 均在 5% 水平显著为负，而第 3~4 列交乘项在 1% 水平显著为正。这恰恰可能是由于处于末端的原服务业类型企业人工成本占比较高，与供应商合谋实施应计盈余管理的空间较小，相比之下而更容易实施真实盈余管理。本章还更换了人工成本的衡量方式，将人工成本占营业收入之比进行检验，结果依然稳健，限于篇幅不再赘述。

表 4-12　　　　　　　人工成本不可抵扣削弱增值税遵从约束机制

VARIABLES	(1) *DA*1	(2) *DA*1	(3) *REM*	(4) *REM*
Panel 1 人工成本占比的调节效应				
VATRATIO	-0.0320 *** (-8.52)	-0.0321 *** (-8.53)	-0.0167 *** (-4.24)	-0.0099 ** (-2.28)
SALARYRATIO	-0.0001 * (-1.70)	-0.0002 *** (-4.36)	0.0354 *** (3.10)	0.0735 *** (5.58)
VATRATIO × SALARYRATIO		0.0001 *** (2.63)		-0.0335 *** (-3.76)
观测值	21 982	21 982	18 735	18 735
r2_a	0.144	0.144	0.159	0.161
Panel 2 人工成本占比削弱"营改增"政策效应				
TREAT	0.0468 *** (6.37)	0.0989 *** (7.33)	-0.0224 (-1.58)	-0.0021 (-0.09)
TREAT × SALARYRATIO	-0.0792 ** (-2.35)	-0.0663 ** (-1.98)	0.2293 *** (2.63)	0.2338 *** (2.69)
TREAT × VATRATIO		-0.0634 *** (-5.27)		-0.0248 (-1.49)
观测值	21 986	21 986	18 735	18 735
r2_a	0.141	0.142	0.153	0.148
控制变量	是	是	是	是
行业/年/按公司聚类	是	是	是	是

第六节　结　论

税收信息具有政府部门强制性监督的属性。这是税收与公司行为领域研究者所赞同的一个基本机理。而实践中值得思考的一个具体现象是，财务报表和税务报表在记录、确认规则上普遍存在一定的差异。本章对增值税独特税制设计产生的遵从效应如何影响财务会计信息质量进行了探讨。本章建立了一个包括企业、供应商和税务部门的模型，刻画了增值税遵从如何沿客户—供应商关系传递，进而形成信息交叉比对和约束。实证检验发现，增值税税负占支付税金比例越高，应计盈余管理和真实盈余管理的操纵行为受抑制程度越大。机制检验表明，增值税进项税的抵扣设计激励企业向供应商索取发票，客户—供应商关系影响治理效应。在一系列稳健性检验后结论仍然成立。本章还进一步探讨了2012—2016年"营改增"对服务业会计信息质量的影响，原营业税企业作为处理组在改革后盈余管理行为增加，原因在于人工成本较高的企业处于增值税抵扣链的末端，从而影响了抵扣链的完整性。

本章首次从增值税税制设计的视角，论证了以下核心观点：增值税对财务会计信息的治理作用不仅源于一般的强制监督，独特之处还在于增值税遵从的设计机制具有"激励性"而沿客户—供应商链条"传导"。被纳入这种约束链，增加了企业进行盈余管理、操纵乃至造假面临的监督压力和成本，进而有助于提高会计信息质量。本书具有一定的政策启示。第一，本研究是以上市公司和一般纳税人为研究对象，增值税链条越完善，治理效应越强。然而实际上大多数企业为小规模纳税人，不得参与抵扣，这破坏了增值税链条的完整性。第二，在"营改增"后，人工成本不得抵扣成为原营业税纳税行业的"痛点"，可能造成的税负上升会驱使企业宁愿承担真实盈余操纵的活动成本，以换取盈余管理带来的收益。第三，在信息披露上，当前上市公司目前不被要求披露增值税信息。值得思考的是，如果上市公司被要求披露必要的增值税申报等信息，将增值税约束机制引入信息披露范围，可能有助于发挥增值税遵从的治理效应、改进会计信息质量。

第五章 2004—2009 年增值税转型与企业投资

第一节 引 言

税收是宏观财政政策的重要内容，各国政府在经济下行时常常采取的一种宏观财政政策就是减税。但围绕税收的减税效果的争论是一个长期的谜题。第一种理论是新古典投资理论（Jorgenson，1963）引入了资本使用者成本，核心观点是所得税减税降低了资本使用者成本。第二种理论是经典投资理论，以康明斯和哈塞特（1996）为代表，认为减税降低了企业未来投资成本。但也有学者认为，税收政策的经济效率存在扭曲，减税政策会使税收丧失中性原则（Grossman & Merton，1976）。因此可以说，税收政策如何刺激投资行为是一个广泛且重要的研究话题。

然而，与西方国家以直接税为主不同，增值税这一间接税长期以来一直是中国的第一大税种。那么，在中国税收制度背景下，增值税税负变化又如何影响企业投资行为呢？本章将税收与投资的研究延伸至间接税的刺激效应。具体地，本章选取 2004—2009 年中国增值税转型这一自然实验，研究以促进企业投资为目的的减税政策是否符合政策预期。

目前，关于增值税转型对企业投资影响的研究，也存在不一致的观点。一些学者认为，总体而言增值税转型促进了企业投资（万华林、朱凯和陈信元，2012；Wang，2013；许伟和陈斌开，2016；申广军、陈斌开和杨汝岱，2016；Zhang et al.，2018；Liu & Mao，2018）。这些研究普遍认为增值税转型有利于降低企业投资成本、增加现金流、缓解融资约束，从而对企业投资产生一定激励作用。但也有学者有相反的观点。蔡和哈里森（2011）提出增值税转型可能是中央政府应对 2008 年金融危机的一项举措，总体上固定资产并未显著增加，反而是公司雇佣人数显著下降。亚干（Yagan，2015）发现税收政策对企业投资决策的影响十分微小。刘怡、侯思捷和耿纯（2017）认为是企业所得税的固定资产加速折旧政策促进了企业投资，而非增值税转型政策。除此之外，那些支持增值税转型的政策效应的研究，对政策刺激的直接影响对象、政策效应的异质性、作用机理均存在争议。本章认为单纯地从增值税转型回归至某类财务变量，如融资约束或者内部现金流，并以此作为政策的作用机制，可能会偏离企业实际，因为假如企业受到减税的刺激增加了投资，这可能反而会使现金流趋紧而非缓解；同时，融资约束与增值税转型之间因果关系的路径也还有待建立。由此，增值税转型的政策效应与企业投资之间的因果关系还有待于取得进一步的认识。

本章认为，对这一税制改革的研究，应回归到转型政策本身上，即其实质是扩大可抵扣范围。也就是说增值税转型实质是在保持名义税率不变的情况下，通过增加企业可抵扣的增值税进项税额以针对性地降低企业购入投资品的实际税负。基于这一核心理解，对增值税转型这一宏观政策效应的传导机制应该尽量从税制设计本身出发，以此讨论宏观的政策效应如何作用于企业的微观行为。本章进一步明确，2004—2009 年的增值税转型至少有三点值得重视。第一，增值税转型改革的对象是从重要制造业行业逐步扩展至全部增值税一般纳税人。这意味着这次改革的主要目标对象是制造业企业，而非全行业范围内的普遍改革。第二，增值税转型政策的直接影响在于扩大了可抵扣范围——将购入生产设备纳入可抵扣范围，因此从直觉来看，这次改革的路径比较清晰，即降低购入生产设备的计税基础。更直接地说，在转型前企业的固定资产投入包括了增值税的金额，通常是不含税价的 17%，在转型后为不含税价格。第三，增值税转型改革并未触动增值税税率，仅扩大了可抵扣范围从而减少了计税基础，因而企业自身的获取增值税可抵扣项的空间和能力可能是影响此次政策效应的重要因素。

本章获取了 2003—2011 年上市公司数据，首先对增值税税负与企业投资的关系进行验证，检验发现在基本 OLS 回归中，增值税有效税负与企业固定资产新增投资呈正向关系，在将被解释变量拆分为生产经营用固定资产和非生产经营固定资产后，两类固定资产投资与增值税税负的关系相反：企业房屋建筑物类固定资产与增值税有效税负正相关，而企业机器设备类固定资产新增投资与增值税有效税负负相关。这一基本回归结果说明既有研究结果很可能存在内生性问题，如卡波夫和机智（Karpoff & Wittry，2018）所指出的，政策冲击可能并非完全外生，企业不同类别的固定资产投资受政策影响的机制和路径也有所不同。

为克服内生性问题，进一步分析增值税转型对企业投资的影响。本章采用双重差分法，利用 2004—2009 年增值税转型的连续政策冲击构建了一个反映时间、地区和行业三个维度变化趋势的虚拟变量，以考察制造业企业面临税收刺激时的反应。结果发现处理组企业的新增固定资产投资规模上升，房屋建筑物与生产经营设备两类投资也均显著上升。本章进行了一系列的异质性检验，发现国有企业相比民营企业受转型政策刺激更显著、东北和中部地区受转型政策刺激投资显著增加。本章还进一步探讨了增值税转型的优惠政策如何传导至企业投资行为，发现可抵扣空间和税负转嫁能力制约了增值税转型政策的传导作用。具体表现在，可抵扣空间越小的企业和税负转嫁能力较弱的企业未显著增加投资。最后，为避免企业投资离差过大造成均值回归的结果出现偏差，本章进一步采取了分位数回归的双重差分法对 5%、10%、15%、…、95% 等 19 个分位数进行考察，发现从 5% 分位数直至 85% 分位数，检验结果仍然显著。此外，我们也对增值税转型政策的动态效果进行了考察，发现受到转型政策冲击的企业在前 3 年受到了刺激，但这种政策效应在第 3 年后开始减弱。

与本章研究直接相关的文献主要有许伟和陈斌开（2016）、刘和毛（2018）、蔡和哈里森（2011）。与既有研究相比，本章的增量贡献与创新主要体现在三个方面。首先，本章对企业投资行为进行了细致区分，更清晰地识别了间接税的激励对象，从而更准确地识别了增值税的刺激作用，在研究方法上同时采用双向固定效应模型的双重差分法和分位数回归的双重差分法，更严格、细致地考察了样本的微观效应。其次，本章更全面地考虑了企业所得税优惠政策的影响。如同卡波夫和机智（2018）最近研究所提出的，制度和法律层面的政策冲击可能并非完全外生，单一税制变化前后的窗口期内很可能受到了其他政策的影响，例如固定资产加计扣除政策影响企业所得税税负，进而刺激企业投资。因此，本章控制了企业所得税有效税负。最后，本章更深入地提出增值税转型刺激企业投资的机理在于，扩大可抵扣范围具有"直接性"，从而起到了较明确的政策效果；而税负转嫁能力和可抵扣空间是影响增值税发挥间接刺激作用的重要传导因素。税负转嫁能力强或可抵扣空间潜力大的企业更容易体现出激励效应。这与既有研究所认为的作用机制——增加现金流而缓解融资约束相比，更加贴近企业的实践。本章的研究对认识"增值税与投资之谜"起到了十分有益的作用，为我国增值税税负变化与企业投资相关研究提供了新的研究视角和经验证据，同时为政策制定者对增值税深化改革的微观经济后果进行分析提供一定参考。

第二节　制度背景、理论分析与研究假设

一、制度背景

2004—2009 年增值税转型是中国增值税领域在全国范围内实施以来第一次重要改革。所谓"转型"，实质上是在税制设计上扩大可抵扣范围。增值税的可抵扣范围直接影响企业的有效税负。生产型增值税指购进固定资产价款不允许抵扣，折旧作为增值额的一部分；收入型增值税中，当期折旧不作为增值额缴纳增值税；消费型增值税是指对购进的用于生产的固定资产价款允许从增值额中一次扣除，实质是只对消费品价值征税。1984年，我国引进增值税并在试行时选择了生产型增值税，这使购买投资品的

企业承担了相应的增值税。当时的背景是中国的经济体制改革刚从农村转向城市，税制改革是城市经济体制改革的重要内容，关系到经济稳定和改革的顺利进行。1994 年，分税制改革时，当时中国经济正处于投资和消费均膨胀的状态，消费型增值税对投资具有鼓励作用，与当时的紧缩政策相悖。因而分税制改革未改变增值税的类型。而随着市场经济的建立和经济形势的变化，生产型增值税所造成的经营性资产重复征税问题愈加突出。

图 5 - 1 列示了 2004—2009 年增值税转型过程，2004 年 7 月增值税转型改革首先在黑龙江、吉林和辽宁试点，覆盖 8 个行业，具体为装备制造业、石油化工业、冶金业、汽车制造业、船舶业、农产品加工业、军工和高科技。2007 年 7 月 1 日开始对中部六省 26 个城市的装备制造业、石油化工业、冶金业、船舶制造业、汽车制造业、农产品加工业、电力业、采掘业、认定的高科技行业进行推广。2008 年 7 月 1 日对内蒙古东部 5 市的装备制造业、石油化工业、冶金业、农产品加工业、船舶制造业、汽车制造业、军工、高新行业进行推广；2008 年 7 月 1 日还对汶川地震受灾地区除烟草加工和电解铝生产之外的其他所有行业进行推广增值税转型。2009 年 1 月 1 日对全行业的增值税一般纳税人开始推行。

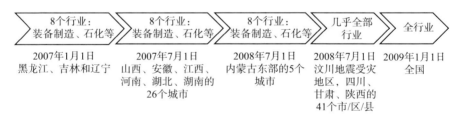

图 5 - 1 2004—2009 年增值税转型过程

二、理论分析与研究假设

新古典投资理论通过引入资本使用者成本来研究税收对企业投资的影响，认为所得税政策会通过资本使用者成本对投资产生潜在的影响（Jorgenson，1963）。利用税制改革的变化来探讨未来投资成本的变化是理解这一问题的可行视角。本书基于一个微观分析框架讨论增值税转型是否会影响企业的投资成本，进而产生减税效应。表 5 – 1 为增值税转型对制造业企业税负变动的影响情况。

表 5 – 1　　　　　　增值税转型对制造业企业税负变动的影响

	增值税转型前公司 i	增值税转型后公司 i
收入	$\hat{S}_i$	$\hat{S}_{i-1}$
税金及附加		
成本	$\hat{C}_i$	$\hat{C}_{i-1}$
政府分配：		
增值税销项	$\widehat{OUTPUT}_i = \hat{S}_i \times VATrate_i$	$\widehat{OUTPUT}_{i-1} = \hat{S}_{i-1} \times VATrate_{i-1}$
减：增值税进项	$\widehat{INPUT}_i = \hat{C}_i \times \gamma \times VATrate_i$	$\widehat{INPUT}_i = \hat{C}_i \times \gamma' \times VATrate_i$
增值税		
期间费用		
利润总额		
政府：所得税		
股东：净利润		

　　增值税对制造业企业可能产生减税效应的作用原理在于扩大了可抵扣范围，具体而言，降低了投资品的计税基础。因而我们的考察对象应该是投资品成本的变动。我们做出如下假设：①制造业企业 i 某项销售收入为 1，即 $S_i = 1$；②企业 i 该项销售收入的成本为 C_i；采购成本中可获得抵扣的比例为 γ，增值税转型后可获得采购比例 $\gamma'[0，1]$；③α 是对供应商的议价能力。因而，该制造企业 i 在增值税转型后的税负变化主要是其通过生产经营设备投资品获得的增量可抵扣项：

$$\Delta VAT = \left\{ \left[VAT_S - (1 - \gamma) \times VAT_C \right] - \left[VAT_S - (1 - \gamma') \times VAT_C \right] \right\};$$

$$(5 - 1)$$

整理得： $$\Delta VAT = (\gamma - \gamma') \times VAT_C \qquad (5-2)$$

在不考虑增值税价格效应影响企业销售定价的情形下，增值税转型对增值税增量变量 ΔVAT 造成影响的因素中最关键是 γ'。本章的理论分析则进一步在企业个体微观层面明确了制造业受"营改增"政策影响的作用机制在于延长至服务业的抵扣链条的可抵扣基数和税率。

基于上述分析，本章提出如下假设：

假设 5-1：增值税转型政策显著促进企业生产经营固定资产投资规模增加。

第三节　数据、变量与模型

一、数据来源

本章选取 2003—2011 年期间 A 股上市公司数据作为研究样本。与刘和毛（2018）研究的侧重点有所不同，本章更加关注增值税转型政策的传导机制。由于中小企业的税务数据主要是为了应对税务部门的强制性信息申报，可能存在信息隐藏，因此本章更偏向采取上市公司财务数据进行研究，此外上市公司财务报表附注信息披露较中小企业更加健全。

二、变量定义

（一）被解释变量：企业投资

本章使用企业固定资产投资（*PPE*）来衡量企业的投资行为，该变量为企业当年新增固定资产投资，取现金流量表中"购建固定资产、无形资产和其他长期资产支付的现金"的本期发生额。同时，参考许伟和陈斌开（2016），计算了净固定资产投资率（*NPPE*）以考虑到固定资产处置的影响，采用现金流量表中"构建固定资产、无形资产和其他长期资产支付的现金"减去"处置固定资产、无形资产和其他长期资产收回的现金净额"，以衡量企业当期净增加投资。为了进一步明确增值税转型对企业不同类型投资行为的影响有何不同，我们根据固定资产类别将企业新增固定资产投资划分为生产经营用固定资产和非生产经营用固定资产，具体做法为：通过阅读企业年报"固定资产"附注，将"房屋及建筑物"划分为非生产经营用固定资产，而将"运输工具""电子设备""机器设备"及"其他"划分为生产经营类固定资产，以衡量非生产经营类固定资产（$FAINV1$）及生产经营类固定资产（$FAINV2$）的变化。

（二）解释变量：增值税有效税负

本章参照许伟和陈斌开（2016）计算企业实际缴纳增值税的计算方法，首先将现金流量表中"支付的各项税费"调整为按权责发生制当期实际应承担的总体税收负担；然后，逐项扣除主税种所得税、营业税金及附加，以及管理费用中所涉及的各项税费。最后，采用当年销售收入进行标准化处理。具体而言，本章的计算方法为：

$$\text{企业当年实际缴纳增值税} = \text{现金流量表中支付的各项税费} + \text{应交税费年末余额} - \text{年初余额} - \text{所得税} - \text{营业税及附加} - \text{管理费用和销售费用中各项"税"、"费"}$$

$$\text{企业增值税有效税负} = \text{企业当年实际缴纳增值税}/\text{营业收入}$$

本章的衡量方法与许伟和陈斌开（2016）相比，更细致了排除了"税"和"费"，这一做法避免了增值税税负的计算中包括其他的税或者费引起的高估。

（三）控制变量

参照既有文献，控制变量如下。第一，资产规模 $ASSET$：公司资产总额的自然对数。第二，企业的盈利能力 ROA，以企业总资产收益率衡量。第三，现金流 $CASH$，资金充足的企业受外部信贷环境制约较少，以货币资金占资产比例衡量。第四，资产负债率 $LEVERAGE$。第五，融资成本

FINCOST，参照陆正飞等（2010）使用财务费用与负债余额的比重衡量。第六，本章控制企业所得税实际税负 *CIT_S*，以实际缴纳的所得税除以企业营业收入衡量。第七，本章控制营业税实际税负。第八，本章控制了企业年龄 *AGE*。第九，还控制了大股东占款 *OCCUPY*。

（四）其他变量

税务部门的监督力度是影响当地税收力度的重要原因（高培勇，2013）。目前学者们主要采用间接的度量指标，德赛等（2007）是以普京当选总统衡量税收执法力度的增强，既有文献通常采用地区加总的税收查补、税务局人员配备、税务稽查等指标（王剑锋，2008；曾亚敏和张俊生，2009；周黎安等，2011；吕伟和李明辉，2012）衡量税收征管水平。本章首先参照洛茨和莫尔斯（Lotz & Morss，1967）、梅尔滕斯（2003）、纽林（2002）、曾亚敏和张俊生（2009）、许等（Xu，2010）、叶康涛等（2011）的做法，采用各地区实际税收收入与预期可获取的税收收入之比来衡量省份税收征管强度，具体而言，本章借鉴以下模型估测地区税收占GDP 的比重：

$$\frac{T_{i,t}}{GDP_{i,t}} = \theta_0 + \theta_1 \frac{IND1_{i,t}}{GDP_{i,t}} + \theta_2 \frac{IND2_{i,t}}{GDP_{i,t}} + \theta_3 \frac{OPENNESS_{i,t}}{GDP_{i,t}} + \varepsilon_{i,t} \quad (5-3)$$

其中，$\frac{T_{i,t}}{GDP_{i,t}}$ 为 i 省份第 t 年本地税收收入与 GDP 比值；$IND1_{i,t}$ 为 i 省份第 t 年第一产业产值，$IND2_{i,t}$ 为 i 省份第 t 年第二产业产值；$OPENNESS_{i,t}$ 为地区开放度，为 i 省份第 t 年进出口总额。将各省份数据代入（6）式回归，得出估计系数并计算预期的 $\frac{T_{i,t}}{GDP_{i,t}}$，记为 $\frac{T_{i,t}}{GDP_{i,t}}\_est$，各省份税收征管强度为：

$$TE = (T_{i,t}/GDP_{i,t})/(T_{i,t}/GDP_{i,t}\_est) \quad (5-4)$$

基于对上述所有变量的描述，表 5-2 报告了主要变量的含义和计算方法，具体如下。

表 5 – 2   主要变量含义

变量		变量含义	计算方法
被解释变量	PPE	固定资产投资率	现金流量表中"购建固定资产、无形资产和其他长期资产支付的现金"/营业收入
	NPPE	净固定资产投资率	现金流量表中"构建固定资产、无形资产和其他长期资产支付的现金"减去"处置固定资产、无形资产和其他长期资产收回的现金净额"/营业收入
	FAINV1	非生产经营性固定资产投资率	固定资产附注中"房屋及建筑物"本年增加额/营业收入
	FAINV2	生产经营性固定资产投资率	现金流量表中"购建固定资产、无形资产和其他长期资产支付的现金"减去固定资产附注中"房屋及建筑物"本年增加额/营业收入
解释变量	VAT_S	增值税有效税负	第 t 年实际应缴纳的增值税额/营业收入
控制变量	BT_S	营业税有效税负	第 t 年实际应缴纳的营业税额/营业收入
	CIT_S	所得税有效税负	第 t 年实际应缴纳的企业所得税/营业收入
	Size	规模	第 t – 1 年；第 t 年末总资产的自然对数
	Age	企业年龄	第 t – 1 年企业年龄
	LEV	资产负债率	第 t – 1 年末总负债/总资产
	ROA	资产收益率	第 t – 1 年末净利润/总资产
	Cash	现金持有	第 t – 1 年现金持有
	FINcost	融资成本	第 t – 1 年财务费用/负债余额
	BM	成长性	第 t – 1 年末账面价值/市场价值
	Occupy	大股东占款	第 t – 1 年末其他应收款/总资产

三、模型设定

为检验本书假设，本章设定如下 OLS 模型：

$$Y = \alpha_0 + \alpha_1 VAT\_S + \alpha_2 BT\_S + \alpha_3 CIT\_S + \alpha_4 SIZE + \alpha_5 AGE + \alpha_6 LEV$$
$$+ \alpha_7 ROA + \alpha_8 Cash + \alpha_9 FINcost + \alpha_{10} Occupy + \alpha_{11} BM$$
$$+ \sum \lambda Industry + \sum \gamma Year + \varepsilon_{i,t-1} \tag{5-5}$$

在上述 OLS 模型中，我们初步考察增值税有效税负与固定资产新增投资总额，以及生产经营与非生产经营两类新增投资的相关系数。本章主要借助增值税转型的自然实验场景，采用如下双重差分法模型：

$$Y = \alpha_0 + \alpha_1 DUMMY_{province,ind,year} + \delta X_{i,t-1} + \sum \lambda Industry + \sum \gamma Year + \varepsilon_{i,t}$$

$$(5-6)$$

由于包括增值税在内的财政制度改革涉及地域广、行业多，所以政府通常会采取建立试点区域和行业的方式（Li Pei，2016），因此本章设置了一个变量 $DUMMY_{province,ind,year}$，该变量实际上是反映了时间、地域和行业三个维度变化的交乘项，因而能反映政策变化对增值税税负的影响。

第四节　描述性统计与相关性分析

一、描述性统计

表 5 - 3 给出了全样本描述性统计结果。从表 5 - 3 可知，样本企业新增固定资产投资额自然对数均值为 18.24，标准差为 1.87，最小值和最大值分别为 11.65、23.32，这说明固定资产整体投资分布较服从正态分布。其中，非生产经营性固定资产新增投资率，与生产经营性固定资产投资率相似。从样本企业税负来看，增值税有效税负均值为 3.97%，表明样本企业平均缴纳的增值税额占营业收入的 3.97%，增值税有效税负最小值为 -26.17%，这可能是由于部分进出口企业享受出口退税政策所致；增值税有效税负最大值为 44.12%，说明这部分企业承担了沉重的增值税税负。同样的，样本企业平均缴纳的营业税额占营业收入的 1.57%，流转税有效税负为 5.57%。控制变量与已有文献基本一致，这里不再赘述。

表 5 – 3 描述性统计

VARIABLES	N	mean	p50	sd	min	max
PPE	12 854	18. 24385	18. 32421	1. 875024	11. 65113	23. 32954
NPPE	12 854	18. 1569	18. 26704	1. 933997	11. 45791	23. 29801
FAINV1	9 936	17. 02634	17. 30163	2. 129337	10. 50386	21. 81732
FAINV2	10 873	17. 6612	17. 66318	2. 008302	11. 38665	23. 06697
VAT_S	12 854	0. 039674	0. 032737	0. 060727	− 0. 26168	0. 441279
BT_S	12 854	0. 015755	0. 006074	0. 024903	0	0. 182026
CIT_S	12 854	0. 019822	0. 011883	0. 025578	− 0. 0375	0. 188356
SIZE	12 854	21. 57165	21. 42797	1. 126174	19. 10935	25. 7996
AGE	12 854	11. 98794	12	4. 578891	3	26
LEV	12 854	0. 515416	0. 51355	0. 201027	0. 07107	1. 798291
ROA	12 854	0. 029342	0. 031611	0. 064416	− 0. 41313	0. 24827
CASH	12 854	0. 16595	0. 134796	0. 123119	0. 004187	0. 765495
FINCOST	12 854	0. 02137	0. 046824	0. 280581	− 5. 16408	0. 863035
OCCUPY	12 854	0. 040279	0. 016145	0. 06656	0. 000188	0. 598167
BM	12 854	1. 045203	0. 800648	0. 827558	0. 082032	5. 954777

二、主要变量相关系数

为验证各变量之间的相关性，本章进行了变量间相关性检验。由表 5 – 4 可见，企业固定资产投资（PPE）与增值税有效税负（VAT_S）在 1% 水平显著正相关，这初步验证了本章的假设。另外，主要变量两两之间的相关系数基本小于 0. 4，说明变量之间不存在严重的多重共线性问题，模型变量的选取比较合理。

表 5－4

主要变量相关关系

	PPE	FAINV1	FAINV2	VAT_S	SIZE	AGE	LEV	ROA	CASH	FINCOST	OCCUPY	BM
PPE		0.60***	0.76***	0.06***	0.70***	-0.04***	0.08***	0.25***	0.02*	-0.15***	-0.33***	0.22***
FAINV1	0.60***		0.65***	0.04***	0.51***	-0.03***	0.14***	0.13***	-0.02**	-0.07***	-0.13***	0.21***
FAINV2	0.80***	0.64***		0.07***	0.63***	-0.06***	0.11***	0.17***	-0.06***	-0.06***	-0.29***	0.25***
VAT_S	0.06***	0.05***	0.06***		-0.05***	-0.03***	-0.11***	-0.01	-0.05***	0.00	-0.06***	-0.04
SIZE	0.69***	0.52***	0.66***	-0.06***		0.16***	0.28***	0.14***	-0.06***	-0.13***	-0.24***	0.40***
AGE	-0.08***	-0.04***	-0.11***	-0.08***	0.13***		0.20***	-0.09***	-0.19***	0.11***	0.03***	0.03***
LEV	-0.06***	0.10***	0.00	-0.10***	0.17***	0.24***		-0.40***	-0.26***	0.16***	0.17***	0.46***
OPR	0.26***	0.10***	0.18***	-0.06***	0.20***	-0.06***	-0.39***	0.80***	0.14***	-0.28***	-0.23***	-0.30***
ROA	0.27***	0.14***	0.20***	-0.04***	0.17***	-0.06***	-0.39***		0.21***	-0.18***	-0.28***	-0.40***
CASH	0.05***	-0.04***	-0.04***	0.01	-0.08***	-0.21***	-0.31***	0.18***		-0.31***	-0.02*	-0.13***
FINCOST	-0.03***	0.01	-0.00	-0.01*	-0.02*	0.06***	0.18***	-0.11***	-0.30***		0.06***	0.00
OCCUPY	-0.33***	-0.15***	-0.27***	0.02*	-0.24***	-0.01	0.22***	-0.36***	-0.11***	0.05***		0.09***
BM	0.26***	0.23***	0.28***	-0.05***	0.47***	0.10***	0.38***	-0.20***	-0.15***	0.06***	0.01	

注：下半部分报告了 Pearson 相关系数，上半部分报告了 Spearman 相关系数；*** $p < 0.01$，** $p < 0.05$，* $p < 0.1$。

第五节 回归分析

一、OLS 回归

表 5 - 5 第（1）和第（2）栏报告了 2003—2011 年增值税有效税负与企业投资关系的基本回归结果，增值税有效税负与企业新增固定投资呈正向关系，营业税有效税负与企业投资呈负向关系。营业税税负代表政府直接从收入中分配的现金流，政府分配越多，企业新增投资越受到抑制。然而一个有趣的、值得思考的结果是，为什么增值税税负与新增投资的相关关系是正向呢？这说明新增固定资产投资与增值税税负可能存在内生性问题。此外，究竟是税负变动引起了企业投资行为的变化还是其他政策抑或是企业自身的投资需求导致的投资变化？如何分离税收因素影响与非税收因素影响是这一研究领域的关键问题（Graham，2003）。如道奇等（2015）认为，关于税收的实证研究的一个重大挑战是税收的效应难以识别。混合横截面的检验在因果关系识别上面临着挑战，而基于税收政策变化的检验又十分有限，同时也需要与其他政策变化区分开来。本章将企业投资进一步区分为"非生产经营性投资"与"生产经营性投资"两类，并且预期，当企业增值税税负发生变化刺激到企业投资行为时，更多的是对生产经营性投资产生影响。第（3）和第（4）栏报告了增值税税负与企业两类投资的回归结果，可以看到，非生产经营性投资与增值税税负显著正相关，也就是说企业在进行"房屋建筑物"投资会促使增值税税负的提高；而增值税税负下降可能显著促进企业生产经营性投资的增加，这一结论对营业税税负及流转税税负同样适用。对于非生产经营性固定资产投资，由于增值税进项抵扣的缺失，企业投资决策没有受增值税税负的影响，这恰好可以作为生产经营性固定资产投资效应的反事实检验。

表 5 - 5　　　　　　　　　增值税税负与企业投资基本回归结果

VARIABLES	(1) PPE	(2) NPPE	(3) FAINV1	(4) FAINV2
VAT_S	0.9160 *** (4.20)	1.0258 *** (4.54)	0.6380 * (1.81)	− 0.0658 (− 0.25)
BT_S	− 8.8036 *** (− 7.11)	− 8.8145 *** (− 6.94)	− 4.3547 *** (− 2.82)	− 10.0910 *** (− 8.95)
CIT_S	− 2.2048 ** (− 2.56)	− 2.0136 ** (− 2.27)	− 1.1359 (− 0.94)	− 6.0647 *** (− 6.49)
SIZE	1.1621 *** (61.62)	1.1725 *** (60.38)	1.0583 *** (42.07)	1.1758 *** (60.29)
AGE	− 0.0309 *** (− 6.96)	− 0.0364 *** (− 7.86)	− 0.0260 *** (− 4.61)	− 0.0277 *** (− 5.98)
LEV	− 0.4213 *** (− 3.92)	− 0.4561 *** (− 4.10)	0.4152 *** (2.80)	− 0.1854 * (− 1.66)
OPR	0.3751 *** (3.61)	0.4155 *** (3.82)	− 0.1556 (− 0.94)	0.2558 ** (2.10)
ROA	1.6653 *** (5.41)	1.6818 *** (5.32)	2.4836 *** (4.91)	1.5664 *** (4.62)
CASH	0.7260 *** (5.84)	0.8149 *** (6.29)	0.1932 (1.01)	− 0.2689 ** (− 2.00)
FINCOST	0.0632 *** (2.81)	0.0629 *** (2.72)	0.0712 * (1.81)	0.0523 ** (2.50)
OCCUPY	− 2.7573 *** (− 10.05)	− 2.9998 *** (− 10.64)	− 1.4387 *** (− 3.66)	− 2.3761 *** (− 7.81)
BM	− 0.0331 (− 1.40)	− 0.0356 (− 1.44)	− 0.0132 (− 0.45)	− 0.0293 (− 1.16)
Observations	14 665	14 665	11 545	12 665
Province FE	YES	YES	YES	YES

续表

VARIABLES	(1) PPE	(2) NPPE	(3) FAINV1	(4) FAINV2
Industry FE	YES	YES	YES	YES
Year FE	YES	YES	YES	YES
Cluster	YES	YES	YES	YES
r2_a	0.666	0.651	0.353	0.643

注：括号中报告的是 t 值，$*$、$**$、$***$ 分别表示在 10%、5%、1% 的统计水平下显著。

二、基准 DID 回归

由于增值税与投资关系 OLS 回归存在局限性，本章需要借助增值税转型这一自然实验机会，进一步研究这一税制变化对企业投资行为的影响和传导机制。2004—2009 年中国实施了增值税转型改革，试图通过扩大增值税可抵扣范围促进企业转型升级。增值税转型是分行业、分地区在近 5 年时间内完成的。政府部门在选择实施某项税收政策的区域或者部门不是完全随机的，而是会取决于行业或地区公司在规模、生产率、财政收支等方面的特征。这使税收政策冲击具有潜在的选择性偏差，难以识别其因果效应。首先，我们排除了不可比公司，突出强调了处理组和对照组的可比性、避免不同组别在改革之前就存在差异；其次，在同样的时间变化趋势中研究以克服潜在的选择性偏差。

为了采用双重差分法辨识增值税改革与企业新增投资之间的因果关系，最好的计量策略是比较一组受到该政策影响的公司和另一组完全不受该政策影响的公司。为了解决这一内生性问题，我们构建一个反映时间、行业和地区层面变化的虚拟变量以区分处理组和对照组，采用双重差分法消除处理组和控制组中具有同样的时变趋势的不可观测特征，双重差分模型如下：

$$Y = \beta_0 + \beta_1 DUMMY_{area,ind,year} + \delta X_{i,t-1} + \sum \lambda Industry + \sum \gamma Year + \varepsilon_{i,t}$$

$$(5-7)$$

Industry 和 *Year* 分别表示行业和年份层面的固定效应，$X_{i,t-1}$ 是其他控制变量，$\varepsilon_{i,t}$ 是误差项。我们关注的变量是 $DUMMY_{area,ind,year}$ 实际上是考虑了省份虚拟变量、行业虚拟变量和实施转型改革之后年份虚拟变量的交乘项，具体如下：

$$DUMMY_{area,ind,year} = DUMMY_{area} \times DUMMY_{ind} \times DUMMY_{year} \qquad (5-8)$$

我们按照增值税转型的进程：第一次转型政策冲击，2004 年 7 月首先在黑龙江、吉林和辽宁开展增值税转型改革试点，改革试点覆盖 8 个行业，具体为装备制造业、冶金、汽车、石化、船舶、农产品加工、军工和高科技，按注册地所属省份计算，$DUMMY_{area}$ 取 1，其他为 0；当公司所属行业为上述行业时 $DUMMY_{ind}$ 取 1，其他为 0；当年份在 2004 年及之后时 $DUMMY_{year}$ 取 1，其他为 0。第二次转型政策冲击，2007 年 7 月 1 日开始对中部六省的 26 个城市的装备制造业、石油化工业、冶金业、船舶制造业、汽车制造业、农产品加工业、电力业、采掘业、认定的高新技术行业进行推广，当公司注册地属于这些城市时 $DUMMY_{area}$ 取 1，其他为 0；当公司所属行业为上述行业时 $DUMMY_{ind}$ 取 1，其他为 0；当年份在 2007 年及之后时 $DUMMY_{year}$ 取 1，其他为 0。第三次转型政策冲击，2008 年 7 月 1 日对内蒙古东部 5 市的装备制造业、石油化工业、冶金业、农产品加工业、船舶制造业、汽车制造业、军工、高新行业进行推广，当公司注册地属于这 5 个城市时 $DUMMY_{area}$ 取 1，当公司所属行业为上述行业时 $DUMMY_{ind}$ 取 1，其他为 0。2008 年 8 月 1 日对汶川地震受灾地区除烟草加工和电解铝生产之外的其他所有行业推广增值税转型，当公司注册地属上述地区时，$DUMMY_{ind}$ 取 1，当年份为 2008 年及之后时 $DUMMY_{year}$ 取 1，其他为 0。第四次政策冲击，2009 年 1 月 1 日对全行业的增值税一般纳税人开始推行，虚拟变量 $DUMMY_{area,ind,year}$ 不再赘述。因此该虚拟变量的系数 β_1 衡量的是转型政策对企业投资的影响。

连续多期政策冲击的双重差分法回归结果如表 5-6 所示。本章发现，增值税转型后处理组固定资产投资规模在 1% 水平上与我们关注的虚拟变量 $DUMMY_{area,ind,year}$ 显著正相关，这说明增值税转型刺激了企业的新增投资。这可能是因为增值税转型的意义和出发点是将生产经营相关的固定资产纳入可抵扣范围,从而降低投资品的成本,这支持了本章的假设 5 - 1。本章所划分的两类固定资产投资均显著增加,这可能是由于不少大型制造业的生产用经营设备包括了部分生产构筑物。这说明,增值税转型政策明确改善了企业在投资环节中投资品被重复征税的问题,有助于调节产业结构。

表 5 - 6 增值税转型与企业投资的回归结果

VARIABLES	(1) PPE	(2) NPPE	(3) FAINV1	(4) FAINV2
$DUMMY_{a,i,v}$	0.0904 * (1.82)	0.1070 * (1.77)	0.1732 *** (2.63)	0.0960 ** (2.08)
BT_S	- 8.9046 *** (- 7.19)	- 8.9396 *** (- 7.02)	- 4.1623 *** (- 2.69)	- 9.9326 *** (- 8.84)
CIT_S	- 2.4763 *** (- 2.92)	- 2.3169 *** (- 2.66)	- 1.3700 (- 1.16)	- 6.0628 *** (- 6.56)
SIZE	1.1637 *** (61.72)	1.1743 *** (60.48)	1.0588 *** (42.10)	1.1752 *** (60.36)
AGE	- 0.0306 *** (- 6.87)	- 0.0361 *** (- 7.77)	- 0.0254 *** (- 4.48)	- 0.0273 *** (- 5.88)
LEV	- 0.4497 *** (- 4.20)	- 0.4879 *** (- 4.40)	0.3988 *** (2.71)	- 0.1830 * (- 1.65)
OPR	0.3686 *** (3.52)	0.4079 *** (3.72)	- 0.1503 (- 0.91)	0.2594 ** (2.14)
ROA	1.6367 *** (5.35)	1.6495 *** (5.25)	2.4645 *** (4.89)	1.5715 *** (4.66)
CASH	0.7388 *** (5.96)	0.8288 *** (6.41)	0.2070 (1.09)	- 0.2628 ** (- 1.96)
FINCOST	0.0606 *** (2.75)	0.0599 *** (2.65)	0.0705 * (1.80)	0.0531 ** (2.53)
OCCUPY	- 2.7559 *** (- 9.99)	- 2.9975 *** (- 10.58)	- 1.4708 *** (- 3.74)	- 2.3854 *** (- 7.82)

续表

VARIABLES	(1) PPE	(2) NPPE	(3) FAINV1	(4) FAINV2
BM	− 0. 0341 (− 1. 44)	− 0. 0369 (− 1. 50)	− 0. 0116 (− 0. 40)	− 0. 0273 (− 1. 08)
Observations	14 665	14 665	11 545	12 665
Province FE	YES	YES	YES	YES
Industry FE	YES	YES	YES	YES
Year FE	YES	YES	YES	YES
Cluster	YES	YES	YES	YES
r2_a	0. 666	0. 650	0. 353	0. 643

注：括号中报告的是 t 值，* 、 ** 、 *** 分别表示在 10% 、5% 、1% 的统计水平下显著。

值得注意的是，控制变量中营业税税负和企业所得税税负均与企业新增投资显著负相关。本章认为这说明了两点：第一，直接税是政府直接从被征税对象处获取的现金流，政府强制获取的现金流越多，越抑制企业投资；第二，将企业营业税实际税负和企业所得税税负作为控制变量，有助于分离这两大税种的影响，间接地说明增值税具有与这两大税种不一样的特性。

三、增值税转型刺激作用的异质性

参考既有研究，学者们通常认为产权性质（刘骏和刘峰，2014），地域（毛德凤等，2016）、税收征管力度（高培勇，2006）对企业税负产生影响。与本书第三章对增值税影响因素异质性的考察相近，我们对增值税转型政策对投资的刺激作用的异质性进行讨论。

（一）产权性质

在影响企业税负的诸多因素中，产权是较早受到关注的因素。刘骏和刘峰（2014）发现，中国民营企业的税负显著高于国有企业，并认为是由于国企的游说能力较强，且由于国有企业一般承担较多社会负担，所以政府可能会给予其较多的政策优惠作为补偿。但与此同时，国企管理者可能会迎合政府的上缴利税和经济增长等官员晋升评价指标。因此，增值税转型的政策效应可能在国有企业与非国有企业之间存在差异。由表 5－7 可见，国有企业新增固定资产投资的相关系数在 1% 水平上显著为正。作为控制变量的营业税实际税负（BT_S）和企业所得税实际税负（CIT_S）与基准 DID 回归中系数方向相同，显著为负。

表 5－7　　　异质性：不同产权性质下增值税转型对投资的刺激作用

| VARIABLES | (1) 国有 | (2) 非国有 | (3) 国有 | (4) 非国有 | (5) 国有 | (6) 非国有 | (7) 国有 | (8) 非国有 |
	PPE	PPE	NPPE	NPPE	FAINV1	FAINV1	FAINV2	FAINV2
$DUMMY_{a,i,v}$	0. 1426 **	− 0. 1143	0. 1513 **	− 0. 1165	0. 2201 **	0. 1969	0. 0494	− 0. 0859
	(2. 49)	(− 1. 17)	(2. 49)	(− 1. 12)	(2. 51)	(1. 48)	(0. 85)	(− 0. 98)
BT_S	− 8. 3329 ***	− 1. 1177	− 7. 5920 ***	− 1. 2438	− 4. 9102 *	− 6. 3995 **	− 7. 5253 ***	− 3. 2689
	(− 4. 99)	(− 0. 50)	(− 4. 30)	(− 0. 50)	(− 1. 84)	(− 2. 23)	(− 4. 20)	(− 1. 48)
CIT_S	− 2. 3527 **	− 4. 6310 ***	− 2. 5556 **	− 4. 7861 ***	1. 7383	− 0. 4356	− 3. 0862 **	− 3. 0452 **
	(− 2. 30)	(− 3. 92)	(− 2. 42)	(− 3. 83)	(1. 07)	(− 0. 20)	(− 2. 39)	(− 2. 55)
SIZE	1. 2398 ***	1. 2595 ***	1. 2767 ***	1. 2925 ***	1. 2530 ***	1. 2004 ***	1. 1579 ***	1. 2648 ***
	(27. 82)	(16. 28)	(27. 63)	(16. 00)	(18. 86)	(10. 53)	(24. 38)	(16. 03)
AGE	− 0. 0820	0. 1566	− 0. 1588 *	0. 0929	− 0. 1530	0. 2228	− 0. 1577 *	0. 0008
	(− 0. 96)	(1. 26)	(− 1. 94)	(0. 65)	(− 0. 93)	(0. 96)	(− 1. 77)	(0. 00)
LEV	0. 2054	− 0. 3493	0. 1481	− 0. 4026 *	0. 9970 ***	0. 8992 **	0. 8810 ***	0. 2510
	(1. 10)	(− 1. 58)	(0. 77)	(− 1. 68)	(3. 18)	(2. 36)	(4. 52)	(1. 18)
OPR	0. 6486 ***	0. 2989 **	0. 7214 ***	0. 3717 ***	0. 0944	− 0. 2607	0. 2929 **	0. 0233
	(4. 12)	(2. 38)	(4. 73)	(2. 72)	(0. 43)	(− 0. 79)	(1. 97)	(0. 17)
ROA	0. 5189	0. 5616	0. 3278	0. 3087	0. 2041	2. 0331 *	0. 2740	0. 3680
	(1. 14)	(1. 48)	(0. 74)	(0. 73)	(0. 31)	(1. 95)	(0. 63)	(0. 86)
CASH	1. 6040 ***	0. 9665 ***	1. 7919 ***	1. 1038 ***	0. 5033	0. 9845 ***	0. 0082	0. 3063
	(8. 20)	(4. 94)	(8. 88)	(5. 36)	(1. 61)	(2. 76)	(0. 04)	(1. 48)

续表

VARIABLES	(1) 国有	(2) 非国有	(3) 国有	(4) 非国有	(5) 国有	(6) 非国有	(7) 国有	(8) 非国有
	PPE	PPE	NPPE	NPPE	FAINV1	FAINV1	FAINV2	FAINV2
FINCOST	−0.0689	−0.0384	−0.0721	−0.0553	−0.0480	0.1029	−0.0346	−0.0042
	(−1.48)	(−1.00)	(−1.47)	(−1.25)	(−0.45)	(1.25)	(−0.91)	(−0.10)
OCCUPY	−2.1965 ***	−2.0770 ***	−2.3748 ***	−2.4311 ***	−2.0187 ***	−1.4523 *	−1.9980 ***	−1.2047 **
	(−5.29)	(−4.06)	(−5.54)	(−4.64)	(−2.87)	(−1.94)	(−4.39)	(−2.51)
BM	−0.0929 ***	−0.1072 **	−0.0907 ***	−0.1163 **	−0.0457	0.1231	−0.0989 ***	−0.0454
	(−3.89)	(−2.25)	(−3.66)	(−2.22)	(−1.22)	(1.61)	(−3.49)	(−0.93)
Observations	7 916	4 923	7 916	4 923	7 245	4 300	7 821	4 844
Number of code	1 161	1 192	1 161	1 192	1 134	1 114	1 156	1 178
Firm FE	YES	YES	YES	YES	YES	YES	YES	YES
Year FE	YES	YES	YES	YES	YES	YES	YES	YES
r2_a	0.320	0.320	0.301	0.299	0.103	0.0978	0.181	0.220

注：括号中报告的是 t 值，*、**、*** 分别表示在10%、5%、1%的统计水平下显著。

对于增值税刺激政策的产权异质性，可能的解释是，由于转型政策带有较强的宏观政策目的——促进老工业基地固定资产升级改造，因而国有企业更积极地响应了该政策性目的，而民营企业在投资决策中的营利性目标的重要性高于国有企业，因而降低投资品税负成本的刺激作用弱于国有企业。

（二）区域性

接下来考察"营改增"的区域异质性。本章借鉴毛德凤等（2016）对区域的划分，按照注册地将样本企业划分为东部、中部、西部、东北及经济特区①。表5-8报告了不同地区生产经营类固定资产新增投资对税负的

---

① 东部地区包括北京、天津、河北、江苏、上海、浙江、福建、山东、广东；中部地区包括山西、安徽、江西、河南、湖北、湖南；西部地区包括重庆、四川、贵州、云南、西藏、陕西、甘肃、宁夏、青海、新疆、内蒙古、广西；东北地区包括黑龙江、吉林、辽宁；经济特区包括深圳、珠海、汕头、厦门、海南。

相关系数。可以看出，在东北和中部地区的企业组中，固定资产新增投资的相关系数在 1% 水平显著为正。此外，东部地区组也显著为正，我们认为可能的解释是，东部地区企业的市场活力更强，对税负政策更加敏感。

表 5 - 8 　　异质性：不同区域内增值税转型对生产经营设备投资的刺激作用

VARIABLES	东部	中部	西部	东北	经济特区
	FAINV1	FAINV1	FAINV1	FAINV1	FAINV1
$DUMMY_{a,i,v}$	0. 2997 **	0. 2952 *	0. 2922	0. 1717 *	0. 2497
	(2. 13)	(1. 80)	(1. 58)	(1. 79)	(1. 32)
BT_S	- 9. 8511 **	- 1. 6546	- 5. 1690	- 4. 8252	- 7. 0752 **
	(- 2. 41)	(- 0. 48)	(- 1. 05)	(- 0. 68)	(- 2. 32)
CIT_S	0. 4323	5. 7320 *	- 1. 8914	1. 2139	- 1. 3748
	(0. 20)	(1. 81)	(- 0. 65)	(0. 32)	(- 0. 36)
SIZE	1. 2223 ***	1. 1457 ***	1. 2830 ***	1. 2028 ***	1. 3209 ***
	(11. 24)	(11. 10)	(12. 07)	(5. 59)	(9. 72)
AGE	0. 1404	2. 1719 ***	0. 3699	- 0. 1355	- 0. 4118 *
	(0. 96)	(14. 46)	(0. 85)	(- 0. 56)	(- 1. 88)
LEV	1. 2451 ***	1. 2534 **	1. 1606 **	1. 3906	- 0. 0924
	(3. 71)	(2. 50)	(2. 39)	(1. 42)	(- 0. 15)
OPR	- 0. 0531	0. 1716	0. 4521	- 0. 5066	- 0. 5848
	(- 0. 28)	(0. 26)	(1. 08)	(- 0. 79)	(- 1. 13)
ROA	0. 0348	1. 1002	1. 3146	0. 1128	3. 2245 *
	(0. 04)	(0. 83)	(1. 24)	(0. 04)	(1. 95)
CASH	0. 4845	0. 2364	0. 8331	0. 3175	1. 2634 **
	(1. 49)	(0. 39)	(1. 60)	(0. 31)	(2. 07)
FINCOST	0. 1763	- 0. 0143	- 0. 6343 ***	- 0. 2642	- 0. 0172
	(1. 57)	(- 0. 21)	(- 3. 40)	(- 1. 05)	(- 0. 09)
OCCUPY	- 2. 8031 ***	1. 0077	- 2. 4010 **	- 3. 6357 **	- 1. 1186
	(- 3. 17)	(0. 89)	(- 2. 39)	(- 2. 05)	(- 1. 11)

续表

VARIABLES	东部	中部	西部	东北	经济特区
	*FAINV*1	*FAINV*1	*FAINV*1	*FAINV*1	*FAINV*1
BM	−0.0240	0.0460	−0.0009	−0.1777	0.0784
	(−0.39)	(0.74)	(−0.01)	(−1.46)	(0.95)
Observations	4 464	2 010	2 209	813	2 049
Number of code	865	328	342	134	370
Firm FE	YES	YES	YES	YES	YES
Year FE	YES	YES	YES	YES	YES
r2_a	0.0930	0.124	0.150	0.0911	0.0919

注：括号中报告的是 t 值，* 、** 、*** 分别表示在 10% 、5% 、1% 的统计水平下显著。

表 5−9 报告了不同地区非生产经营类固定资产新增投资与税负的相关系数。东北和中部地区的企业组中，固定资产新增投资的相关系数分别在 10% 和 5% 水平显著为正。这说明一定程度上增值税转型政策的初衷得以实现。

表 5−9　　异质性：不同区域内增值税转型对非生产经营设备投资的刺激作用

VARIABLES	东部	中部	西部	东北	经济特区
	*FAINV*2	*FAINV*2	*FAINV*2	*FAINV*2	*FAINV*2
$DUMMY_{a,i,v}$	−0.0823	0.2122 *	−0.1461	0.2130 **	0.2226 **
	(−0.89)	(1.80)	(1.23)	(1.93)	(1.98)
BT_S	−13.8237 ***	−2.9976	−5.9817 *	−11.2507 **	−5.1981 **
	(−5.78)	(−0.62)	(−1.95)	(−2.07)	(−2.31)
CIT_S	−5.7864 ***	−0.6933	−2.2990	−1.4159	−4.7994 **
	(−3.71)	(−0.28)	(−1.25)	(−0.62)	(−2.48)
SIZE	1.1731 ***	1.1461 ***	1.3245 ***	1.0460 ***	1.2477 ***
	(16.24)	(12.57)	(18.19)	(7.82)	(12.60)
AGE	0.0582	0.1356	0.0592	0.3195 **	−0.2734 **
	(0.56)	(0.46)	(0.12)	(2.11)	(−2.00)

续表

VARIABLES	东部	中部	西部	东北	经济特区
	FAINV2	*FAINV2*	*FAINV2*	*FAINV2*	*FAINV2*
LEV	0.7671 ***	0.5538	0.4734	0.9871 **	0.3747
	(3.30)	(1.45)	(1.56)	(2.27)	(1.08)
OPR	0.0961	0.0717	0.3225	0.0681	0.2407
	(0.67)	(0.25)	(1.41)	(0.30)	(0.97)
ROA	0.6051	0.5650	0.7179	0.2244	0.9413
	(1.12)	(0.88)	(1.18)	(0.21)	(1.33)
CASH	0.2292	0.6393 *	0.4727	−0.0092	−0.1991
	(1.08)	(1.71)	(1.27)	(−0.01)	(−0.55)
FINCOST	0.0302	−0.0423	−0.1238	−0.2688 **	−0.0430
	(0.88)	(−1.12)	(−1.14)	(−2.33)	(−0.65)
OCCUPY	−1.7257 ***	−0.9622	−1.6954 **	−0.4277	−1.7641 **
	(−2.70)	(−1.42)	(−2.21)	(−0.50)	(−2.22)
BM	−0.1073 ***	−0.1421 **	−0.0113	−0.0854	−0.0459
	(−2.82)	(−2.40)	(−0.19)	(−0.85)	(−0.98)
Observations	4 856	2 125	2 398	925	2 361
Number of code	884	331	350	141	392
Firm FE	YES	YES	YES	YES	YES
Year FE	YES	YES	YES	YES	YES
r2_a	0.176	0.198	0.271	0.172	0.232

注：括号中报告的是 *t* 值，*、**、*** 分别表示在 10%、5%、1%的统计水平下显著。

（三）征管力度

税收征管力度也是影响企业税收负担的重要因素（高培勇，2006）。本章参照刘行和叶康涛（2011）的做法，构建了一个衡量税收征管力度（Tax Enforcement）的变量，详细计算过程如第三章所述。由表 5 – 10 可知，监管力度未表现较强的异质性，仅房屋建筑物在弱征管力度地区，相关系数显著为正。

表5－10 异质性：不同征管力度下增值税转型对固定资产投资的刺激作用

VARIABLES	PPE 弱征管	PPE 强征管	NPPE 弱征管	NPPE 强征管	FAINV1 弱征管	FAINV1 强征管	FAINV2 弱征管	FAINV2 强征管
$DUMMY_{a,i,v}$	0.0600 (0.82)	-0.0121 (-0.15)	0.0655 (0.84)	-0.0033 (-0.04)	0.2680*** (2.63)	-0.0346 (-0.25)	0.0363 (0.51)	0.0379 (0.47)
BT_S	-5.7862*** (-3.32)	-12.7597*** (-4.09)	-5.1936*** (-2.82)	-12.0873*** (-3.95)	-4.8030* (-1.94)	-6.3867* (-1.70)	-5.2044*** (-3.40)	-10.4098*** (-2.91)
CIT_S	-3.1328*** (-3.10)	0.3113 (0.24)	-3.1800*** (-3.04)	0.2649 (0.20)	-1.0592 (-0.55)	2.8610 (1.47)	-4.5038*** (-3.83)	0.5749 (0.38)
SIZE	1.2414*** (20.98)	1.2969*** (28.92)	1.2635*** (20.77)	1.3477*** (28.88)	1.1167*** (12.85)	1.4285*** (18.39)	1.1671*** (18.40)	1.3059*** (25.15)
AGE	-0.0790 (-0.69)	-0.0935 (-0.75)	-0.2149* (-1.78)	-0.0990 (-0.79)	-0.1237 (-0.89)	-0.1344 (-0.56)	-0.1929* (-1.66)	-0.2829*** (-2.79)
LEV	-0.2588 (-1.26)	0.0206 (0.12)	-0.2930 (-1.40)	-0.0202 (-0.12)	0.6406* (1.73)	1.2882*** (4.10)	0.3108 (1.48)	0.8770*** (4.27)
OPR	0.4037*** (3.62)	0.5263*** (3.36)	0.4721*** (4.00)	0.5991*** (3.83)	0.2550 (1.00)	-0.1672 (-0.75)	0.2469** (2.03)	0.1579 (0.90)
ROA	0.5279 (1.37)	0.6632 (1.55)	0.2987 (0.73)	0.5143 (1.26)	1.6325* (1.80)	0.4734 (0.69)	0.8194** (2.09)	0.3146 (0.66)

续表

VARIABLES	弱征管 PPE	强征管 PPE	弱征管 NPPE	强征管 NPPE	弱征管 FAINV1	强征管 FAINV1	弱征管 FAINV2	强征管 FAINV2
CASH	1.2267*** (6.05)	1.4725*** (7.86)	1.4070*** (6.63)	1.5884*** (8.19)	0.7898** (2.31)	0.3595 (1.05)	0.3314 (1.49)	0.1210 (0.52)
FINCOST	-0.0576 (-1.60)	-0.0364 (-1.06)	-0.0681* (-1.69)	-0.0480 (-1.34)	-0.1305 (-1.41)	0.1263* (1.65)	0.0164 (0.48)	0.0163 (0.41)
OCCUPY	-2.6914*** (-6.69)	-1.9278*** (-4.32)	-2.9022*** (-7.26)	-2.2584*** (-4.72)	-2.1186*** (-3.09)	-2.3777*** (-3.17)	-1.4309*** (-3.33)	-1.9178*** (-3.67)
BM	-0.1158*** (-3.48)	-0.0768*** (-2.91)	-0.1152*** (-3.29)	-0.0822*** (-2.97)	0.0278 (0.51)	-0.0354 (-0.82)	-0.1116*** (-2.99)	-0.0634* (-1.89)
Observations	7 118	6 533	7 118	6 533	5 385	5 319	6 063	5 702
Number of code	1 072	1 047	1 072	1 047	995	1 009	1 042	1 037
Firm FE	YES	YES	YES	YES	YES	YES	YES	YES
Year FE	YES	YES	YES	YES	YES	YES	YES	YES
r2_a	0.285	0.370	0.269	0.351	0.0841	0.126	0.183	0.213

注：括号中报告的是 t 值，*、**、*** 分别表示在 10%、5%、1% 的统计水平下显著。

生产经营设备投资在征管力度的强弱两组间未表现出异质性。我们认为可能的解释有两个：第一，增值税转型是税制设计层面上降低计税基础的政策，而非加征的政策，通常对于征收行为征管力度的强弱会存在差异，但对于明确的降低计税基础的政策则异质性较弱；第二，由于本章计算征管力度的变量采用的是省份财政数据，这可能导致针对个体的微观效应较弱，这也有待于挖掘更合适的、微观的变量。

从上述异质性检验来看，增值税转型的投资刺激作用体现出以下几个特征：第一，在产权性质上，国有企业比非国有企业更显著地增加了固定资产投资，这一方面是由于增值税转型改革涉及的 8 个主要行业都是以国有企业为主的资产密集型行业，另一方面也可能是由于国有企业对响应政府转型升级的政策初衷更加积极。第二，在区域上东北地区和中部地区显著增加了投资，这基本符合增值税转型的政策初衷。第三，征管力度上未表现出异质性。本章认为合理的解释是，征管力度对企业的约束和影响主要体现在对税负的征收和监督上，而对于税制层面明确的降低计税基础的措施，影响不大。第四，生产经营类设备受税收政策刺激较显著，这是由于其直接受此次转型政策刺激，且其经济寿命通常较短，在转型政策实施的 4 年间，企业更可能受到政策刺激。

四、增值税转型政策的传导机制

本章基于一个微观分析框架讨论增值税转型是否会影响企业的投资成本，进而产生减税效应。对增值税转型这一税制改革的研究，应回归到转型政策本身上，即其实质是扩大可抵扣范围。增值税转型政策的直接影响在于扩大了可抵扣范围——将购入生产设备纳入可抵扣范围，降低购入生产设备的计税基础，从而促进企业投资。而税负转嫁能力和可抵扣空间是影响增值税发挥间接刺激作用的重要传导因素。

（一）可抵扣空间

如第三章所述，可抵扣空间是税制设计层面影响增值税税负的制约因素，因此很可能成为传导机制中的制约因素。表 5－11 汇报了可抵扣空间对增值税转型刺激作用的影响，交乘项 $DUMMY_{a,i,y} \times INPUTBASE$ 的系数即反映了这一因素的影响。第（1）栏交乘项系数在 10% 水平显著为负，这说明可抵扣空间越小，政策效应越受到制约。第（2）中交叉项系数为负，这在一定程度上也支持了可抵扣空间对政策效应的制约作用。

表 5－11　　　　传导机制：可抵扣空间与增值税转型的刺激作用

VARIABLES	(1) FAINV1	(2) FAINV2
$DUMMY_{a,i,v}$	0. 2690 *** （3. 10）	0. 1249 * （1. 94）
$DUMMY_{a,i,y} \times INPUTBASE$	－ 1. 0764 * （－ 1. 69）	－ 0. 2804 （－ 0. 57）
$INPUTBASE$	1. 4366 *** （3. 01）	2. 4195 *** （6. 31）
BT_S	－ 4. 6109 *** （－ 2. 95）	－ 10. 6840 *** （－ 9. 56）
CIT_S	－ 1. 3422 （－ 1. 14）	－ 6. 2832 *** （－ 6. 86）
$SIZE$	1. 0722 *** （41. 72）	1. 2057 *** （61. 05）
AGE	－ 0. 0258 *** （－ 4. 57）	－ 0. 0279 *** （－ 6. 10）
LEV	0. 4559 *** （3. 06）	－ 0. 0899 （－ 0. 80）
OPR	－ 0. 0709 （－ 0. 43）	0. 4594 *** （3. 80）
ROA	2. 4127 *** （4. 80）	1. 4362 *** （4. 25）

续表

VARIABLES	(1) FAINV1	(2) FAINV2
CASH	0.2528 (1.32)	-0.1907 (-1.43)
FINCOST	0.0745* (1.92)	0.0593*** (2.87)
OCCUPY	-1.5397*** (-3.93)	-2.4191*** (-7.97)
BM	-0.0113 (-0.38)	-0.0215 (-0.87)
Observations	11 536	12 652
Province FE	YES	YES
Industry FE	YES	YES
Year FE	YES	YES
Cluster	YES	YES
r2_a	0.353	0.647

注：括号中报告的是 t 值，*、**、*** 分别表示在 10%、5%、1% 的统计水平下显著。

（二）税负转嫁能力

此外，税负转嫁能力是实际缴纳中更加微观地影响增值税税负的制约因素。表 5-12 汇报了供应商方向的税负转嫁能力对增值税转型刺激作用的影响，交乘项 $DUMMY_{a,i,y} \times Top5\_purchase$ 的系数即反映了这一因素的影响。第（1）栏交乘项系数在 10% 水平显著为负，这说明供应商集中度越大、税负转嫁能力越弱，转型政策的刺激效应越受到制约。遗憾的是，对第二类生产经营设备这一效应不够显著。这可能与本章获取的财务报告附注的披露程度有限相关。

表 5 – 12 　　　传导机制：税负转嫁能力与增值税转型的刺激作用

VARIABLES	(1) FAINV1	(2) FAINV2
$DUMMY_{a,i,v}$	0. 2552 ** (2. 00)	0. 1641 * (1. 73)
$DUMMY_{a,i,y} \times Top5\_purchase$	− 0. 0015 * (− 1. 76)	0. 0003 (0. 14)
$Top5\_purchase$	− 0. 0039 ** (− 2. 47)	− 0. 0049 *** (− 3. 31)
BT_S	− 4. 8688 * (− 1. 91)	− 10. 5490 *** (− 5. 26)
CIT_S	3. 4504 ** (2. 15)	− 3. 0177 ** (− 2. 40)
$SIZE$	0. 9922 *** (27. 74)	1. 1185 *** (40. 92)
AGE	− 0. 0260 *** (− 3. 46)	− 0. 0283 *** (− 5. 01)
LEV	0. 3832 * (1. 88)	− 0. 1060 (− 0. 73)
OPR	− 0. 0179 (− 0. 07)	− 0. 0062 (− 0. 04)
ROA	2. 1171 *** (3. 10)	1. 4181 *** (2. 91)
$CASH$	0. 3132 (1. 23)	− 0. 2183 (− 1. 18)
$FINCOST$	0. 0787 (1. 43)	0. 0410 (1. 60)

续表

VARIABLES	(1) FAINV1	(2) FAINV2
OCCUPY	- 1. 2109 ** (- 2. 37)	- 2. 8100 *** (- 7. 29)
BM	0. 0667 (1. 60)	- 0. 0322 (- 1. 02)
Observations	5 358	5 785
Province FE	YES	YES
Industry FE	YES	YES
Year FE	YES	YES
Cluster	YES	YES
r2_a	0. 341	0. 600

注：括号中报告的是 t 值，*、**、*** 分别表示在 10%、5%、1% 的统计水平下显著。

五、稳健性检验

（一）对被解释变量和解释变量的考虑

本章在对被解释变量企业新增投资的度量中，同时采用不同口径的衡量指标，包括企业新增固定资产投资（PPE）以及扣除固定资产处置后的企业新增固定资产投资净额（NPPE），为更细致地考察政策对固定资产投资类别影响的差异，还利用财务报表附注分别计算了房屋建筑物新增投资（FAINV1）和经营性设备投资（FAINV2）两个类别。采用以上不同计算口径的被解释变量有效地缓解了被解释变量计算上的偏差。

（二）分位数回归

由于样本企业被解释变量新增投资的离差较大，过大的差异可能意味着政策冲击对投资平均值的影响可能由于方差过大而不显著。本章使用分位数回归进行分析，分位数回归对样本不同分位数影响程度进行衡量，同时对极端值的敏感度要低于均值回归。由此，本章采用了双重差分法下分位数回归方式。具体而言，我们计算第 i 个百分位数投资的对数 $Y(i)$，并在 5%、10%、15%、…、90% 和 95% 分位数进行了 19 次回归，每次回归采用 50 次随机的插靴法的回归方式。图 5 - 2 描绘了这 19 次回归中每一个分位数回归的 T 值。可以发现，在 5% 直至 85% 分位数回归上，增值税转型政策均促进了制造业企业新增固定资产投资，这说明本章的发现是稳健的。

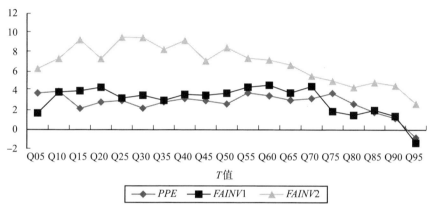

图 5 - 2　增值税转型与企业投资在 19 个分位数的回归 T 值

（三）增值税转型的动态效果

此外，本章还检验了增值税转型政策对企业不同年份投资规模的影响程度。其中，设定增值税转型当年时间变量等于零，在增值税转型之后的第 j 年，$post\_j$ 等于 1。$Industry$ 和 $Year$ 分别是行业和年度虚拟变量。图 5 - 3 绘制了增值税转型政策冲击后续年度企业投资受政策影响的回归结果图，结果发现受增值税转型政策冲击的企业，新增固定资产投资均受到抑制。

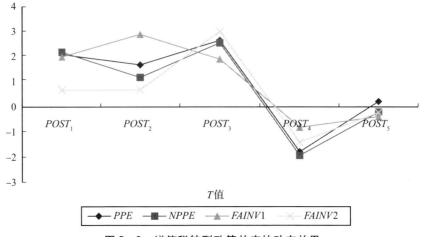

图 5 – 3   增值税转型政策效应的动态效果

第六节   本章小结

本章以 2004—2009 年增值税转型的税制改革为背景，探讨了增值税税负与企业投资之间的关系。本章以 2003—2011 年中国 A 股上市公司为研究对象，主要采用双重差分法研究税制变化对企业投资的影响。研究发现：增值税转型促进了企业新增投资。一系列的异质性检验还发现，国有企业比民营企业更显著地增加了投资，东北和中部地区受增值税转型政策影响投资增加。进一步研究发现，可抵扣空间和税负转嫁能力制约了增值税转型政策的传导路径。本章还采取了分位数回归的方式确定结果的稳健性。

基于以上对增值税转型政策的研究发现，本章认为转型政策在没有降低名义税率的情形下，通过明确扩大可抵扣范围，明确降低了投资品的计税基础，从而促进了企业投资。其核心机理在于这一政策清晰地降低了生产经营设备的投资成本。那么，在中国增值税领域的第二次重要改革"营改增"如何影响了企业投资呢？后文将对此继续进行研究。

第六章 2012—2016 年"营改增"与企业投资

第一节 引 言

税收是宏观财政政策的重要内容，它如何影响企业投资决策是经济学家们长期探讨的一个重要话题（Hall & Jorgenson，1967）。与西方国家以直接税为主不同，我国在商品和服务流转环节中以间接的方式征收的增值税占税收收入的大部分。那么，在中国这种特殊的税收制度背景下，研究增值税有效税负变化对企业投资行为的影响就具有十分重要、普遍的意义。

目前，关于税收与企业投资的研究文献主要存在以下两类不同甚至对立的观点。一类研究认为，降低税负能够促进企业投资（Hall & Jorgenson，1967；Hassett & Hubbard，2002；Vergara，2010；付文林和赵永辉，2014；刘啟仁等，2019）。具体而言，这些研究认为降低税负有利于降低企业成本、增加现金流，从而对企业投资产生一定激励作用，但不一致的观点也广泛存在。如蔡和哈里森（2011）、亚干（2015）均发现税收政策对企业投资决策的影响十分微小。可以说，税收与投资的关系仍然是一个谜题。我们认为在中国情景下，"税收与投资之谜"更独特地体现为增值税与投资之间的关系。道奇、戴克和津加勒斯（2015）指出，税收与企业微观财务研究的挑战在于如何证实税收与企业行为之间的因果关系。针对此问题，本章拟以 2012—2016 年"营改增"的政策冲击为自然实验场景，检验这次增值税改革对企业投资的影响及影响机制，从而对增值税有效税负的变化与企业投资之间的关系进行细致研究。

值得强调的是，本章认为 2012—2016 年"营改增"与 2004—2009 年的增值税转型相比，至少存在三方面的差异。第一，"营改增"的改革对象主要是服务业行业，或者说原归属于营业税纳税范围的应税服务和行为，而增值税转型改革的对象是重要制造业行业至全部增值税一般纳税人。这意味着两次改革的主要目标对象，主要从制造业转向服务业。第二，"营改增"的改革实质是将营业税征管范围纳入增值税的抵扣链条中，这一改革彻底取消了营业税、改变了原地方税征管中的主要税种的税收征管方式。由此看来，这次改革对服务业的影响在于变更税种，对制造业的影响则在于扩大了可抵扣范围——将外购的服务业投入纳入增值税范围，因此从直觉来看，这次改革似乎比增值税转型更加复杂，其因果路径和效应更加混合。第三，增值税转型改革是通过扩大可抵扣范围从而减少计税基础，"营改增"则是同时改变了计税基础和税率，并且这次改革还使未直接受改革冲击的企业间接受益，即可能存在"溢出效应"。基于以上比较，我们认为可能两次改革对投资的刺激作用存在差异，既有研究可能对此有所忽视。

本章获取了 2003—2016 年上市公司数据，首先对已有研究结论进行再验证，即检验增值税有效税负与企业投资规模的整体关系。我们参照范子英和彭飞（2017）、申广军等（2016）的研究，将新增固定资产作为被解释变量并采用基本的 OLS 进行回归，发现了不一致的结果：增值税有效税负越高，企业固定资产新增投资反而越多。但当我们将被解释变量拆分为生产经营用固定资产和非生产经营固定资产后，本章发现，两类固定资产投资受到相反的影响：增值税有效税负越高，企业房屋建筑物类固定资产新增越多；增值税有效税负越低，企业机器设备类固定资产新增投资就越多。这一基本结果意味着既有研究结果很可能存在内生性问题，如卡波夫和机智（2018）所指出的政策冲击可能并非完全外生，企业固定资产投资决策可能同时甚至主要受到其他政策的影响。

为进一步分析增值税税负变动对企业投资的具体影响。本章采用双重差分法，利用 2012—2016 年"营改增"的多期政策冲击构建了一个包括时间、地区和行业三个维度变化的虚拟变量，以考察增值税对服务业行业固定资产投资的影响。结果发现处理组企业的新增固定资产投资规模下降。为避免企业投资离差过大造成均值回归的结果偏差，我们进一步采用分位数回归的双重差分法对 5%、10%、15%、…、95% 等 19 个分位数进行考察，发现从 5% 分位数直至 85% 分位数上，本章的结果仍然显著。此外，我们也对"营改增"政策的动态效果进行考察，发现受到"营改增"政策冲击的企业从前一年开始至 2016 年期间，新增投资实际受到了抑制。此外，本章还进一步探讨了"营改增"政策影响企业投资的作用机制。考虑到增值税是一种间接税，税负具有可转嫁性，并且税负转嫁能力会显著影响到"营改增"的政策效应（乔睿蕾和陈良华，2017），那么，对税负转嫁能力有限或可抵扣进项税较为充足的企业而言，"营改增"政策的"间接"刺激作用能否对企业投资发挥"直接"的效果？本章的机制分析发现，尽管"营改增"后服务业企业整体上投资减少，但对人力资本要素依赖程度较高的服务业企业在"营改增"之后增加了固定资产投资，而税负转嫁能力较弱的企业减少了投资。这可能是因为在现行税制框架下，人力资本成本不可抵扣，对人力资本要素依赖程度较高的企业进项税抵扣不充分，通过增加固定资产投资可以增加可抵扣进项税；而税负转嫁能力较弱的企业没有获得"营改增"政策红利，税负并未下降甚至不降反升，因此没有足够的动力增加企业投资。

与本章研究直接相关的文献主要有范子英和彭飞（2017）和申广军等（2016）。范子英和彭飞（2017）提出在考虑企业产业互联程度的条件下，"营改增"能够显著促进企业增加设备类固定资产投资，他们认为只有增值税链条相对完整的企业才能享受到"营改增"带来的抵扣实惠，从而推动这部分企业增加设备类固定资产投资。申广军等（2016）则主要研究了增值税有效税负与资本和劳动的产出效率，认为当税率降低时，企业在增加固定资产投资和劳动投入的同时，也会提高资本和劳动的生产效率。与既有研究相比，本章可能的增量贡献主要体现在三个方面。首先，本章基于微观企业数据，研究增值税税负变化对企业投资产生的影响，并对企业投资行为进行细致区分，更清晰地识别了间接税的激励对象，从而更准确地识别了增值税的刺激作用。其次，如同卡波夫和机智（2018）最近的研究认为，制度和法律层面的政策冲击可能并非外生，这表明只考虑单一制度变化是不严谨的，即单一事件变化前后的窗口期内很可能受到了其他政策的影响，本章采用双向固定效应模型的双重差分法和分位数回归的双重差分法更细致地考察了"营改增"对企业投资行为的影响，并揭示了"营改增"政策存在向前的"溢出效应"。最后，本章更细致地厘清了增值税与企业投资因果关系的传导机制：增值税激励作用具有"间接性"，税负转嫁能力和可抵扣空间是形成这种"间接激励"的重要因素，对于税负转嫁能力强或扩大可抵扣空间潜力大的企业才体现出投资激励效应，这与既有研究所认为的作用机制——通过增加现金流而缓解融资约束导致企业投资增加不同。本章的研究对认识"增值税与投资之谜"起到了十分有益的作用，为我国增值税税负变化与企业投资相关研究提供了新的研究视角和经验证据，同时为政策制定者认识增值税改革深化的微观经济后果提供一定参考。

第 二 节　制 度 背 景

营业税改增值税在 2012 年 1 月至 2016 年 5 月经历了从上海试点实施，分地区、分行业逐步推广至全国，并最终完成全行业改革的过程。这一改革过程为我们更准确地识别增值税对会计信息治理效应提供了一个自然实验场景。值得注意的是，这一政策冲击是在 2012—2016 年期间分行业分地区逐步推动的。具体而言，2012 年 1 月 1 日，上海市的交通运输业（包括陆路、水路、航空、管道运输）和六个现代服务业（包括研发和技术、信息技术、文化创意、物流辅助、有形动产租赁、鉴证咨询服务）作为试点行业（以下简称"1 + 6"行业）从营业税改为适用增值税。2012 年 8 月 1 日起，试点的"1 + 6"行业由上海市扩展至北京、天津、江苏、安徽、浙江、福建、湖北、广东八个省市。2013 年 8 月 1 日"1 + 6"行业扩展至全国。2014 年 1 月 1 日起，铁路运输和邮政业被纳入试点行业，在全国范围内一次同步实施。2014 年 6 月 1 日起，将电信业纳入全国营业税改征增值税试点范围。2016 年 5 月 1 日起，建筑业、房地产业、金融业和生活服务业四个最后的营业税行业也开始实行增值税，如图 6 - 1 所示。

图 6 - 1　2012—2016 年"营改增"过程

这次改革过程与前文所研究的增值税转型在改革对象、实质和影响路径上存在差异。第一，改革的直接对象不同。"营改增"逐步将营业税"1 + 6"行业替换为增值税，并扩展至营业税范围的全部应税服务和行为。因此这次改革的直接冲击对象是服务业企业。但值得注意的是，一般上市公司的经营范围都较广，兼营的情况非常普遍，这使即使是归属于服务业行业的企业也常常是增值税一般纳税人。第二，改革的实质不同。"营改增"彻底地将原营业税的征管范围纳入增值税，使企业不再需要同时面对国家和地方税务机关，这是税收体系的调整。这种调整使要识别改革的影响不能单纯考虑增值税的税负变化，显然原营业税范围内的服务业企业并不缴纳增值税，所以单纯地考察增值税负的变化，可能会高估增值税的影响。第三，改革的影响路径不同。增值税转型是通过扩大可抵扣范围降低计税基础，"营改增"则是同时从税率和计税基础两个方面对企业形成冲击。具体而言，营业税税率有所提升，从 3% ~ 6%；计税基础则从营业税销售额变成增值额，这说明"营改增"的效应更混合。基于上述分析，我们试图建立一个微观分析框架分别对服务业和制造业进行分析。

第三节　理论分析与研究假说

以经典投资理论（Jorgenson，1963；Cummins & Hassett，1996）为代表的投资理论进一步揭示了税收影响投资的作用机理，认为税制改革会使未来投资成本发生变化，进而改变企业投资决策。然而对于税制变化的影响，本章基于一个微观分析框架讨论增值税减税效应对投资的促进作用，及其影响因素。

一、"营改增"对服务业企业（企业 i）的减税效应

"营改增"对服务业企业税负变动的影响见表 6-1。

表 6-1　　　　　　"营改增"对服务业企业税负变动的影响

项目	"营改增"前	"营改增"后	
	公司 i（服务业）	公司 $i-1$	公司 i（服务业）
收入	S_i	$\hat{S}_{i-1}$	$\hat{S}_i$
税金及附加	$\widehat{BT}_{i-1} = \hat{S}_i \times BTrate$		
成本	C_i	$\hat{C}_{i-1}$	$\hat{C}_i = \hat{S}_{i-1}$
政府分配：增值税销项		$\widehat{OUTPUT}_{i-1} = \hat{S}_{i-1} \times VATrate_{i-1}$	$\widehat{OUTPUT}_i = \hat{S}_i \times VATrate_i$
减：增值税进项			$\widehat{INPUT}_i = \hat{C}_i \times VATrate_{i-1}$
增值税			$\widehat{VAT}_i = \widehat{OUTPUT}_i - \widehat{INPUT}_i$
期间费用			$EXPENSE\cdots$

续表

"营改增" 前		"营改增" 后	
项目	公司 i（服务业）	公司 $i-1$	公司 i（服务业）
利润总额			
政府：所得税			$\widehat{CIT_i}$
股东：净利润			PROFIT

　　基于以下 "营改增" 与企业投资的分析框架，我们首先考察服务业在 "营改增" 后的税收负担变化。建立一个如下的基准模型。对企业 i 做如下假设：①服务业企业 i 某项销售收入为 1，即 $S_i=1$；②α 为该项销售对应的可获得抵扣采购金额占比，$\gamma[0,1]$，于是 $Ci=Si\times\gamma=\gamma$；③BT（Business Tax）是企业原缴纳的营业税率，则企业 i 原承担营业税负；④$VATs$ 是企业 i 改征增值税后的销项税率，$VATc$ 是企业 i 改增值税后的可获得供应商的进项税率，$VATs$ 和 $VATc[6\%，11\%]$[①]，并以 δ 衡量企业 i 增值税率与其供应商增值税率的差异，$\delta[0,1]$；⑤α 是客户议价能力，β 是供应商议价能力，假定 $\Phi=f(\alpha，\beta)$ 是衡量增值税对企业价格效应的函数。

　　"营改增" 后，企业的税负变化为：

$$\Delta T=BT-(\alpha\times VAT_S-\beta\times\gamma\times VAT_C)$$

整理得：

$$\Delta T=BT-\Phi\times VAT_S\times(1-\gamma\times\delta)$$

　　对于税收价格效应的衡量，本章假定增值税维持税收中性，即 $\Phi=1$，此时：

$$\Delta T=BT-VAT_S\times(1-\gamma\times\delta)$$

　　值得注意的是，在不考虑增值税对企业销售定价产生影响的情形下，在 ΔT 的影响因素中 γ 和 δ 分别衡量 1 单位的销售额所对应的可抵扣采购占比，和企业 i 与其供应商增值税率之间的差异。

---

① 增值税率的变化过程详见附录。

二、"营改增"对制造业企业（企业 i）税负变化的影响

"营改增"对制造业企业税负变动的影响见表6-2。

表6-2   "营改增"对制造业企业税负变动的影响

项目	"营改增"前公司 $i-1$（服务业）	公司 i（制造业）	"营改增"后公司 $i-1$（服务业）	公司 i（制造业）
收入	S_i	$\hat{S}_i$	$\hat{S}_{i-1}$	$\hat{S}_i$
税金及附加				
成本	C_i	$\hat{C}_i = \hat{S}_{i-1}$	$\hat{C}_{i-1}$	$\hat{C}_i = \hat{S}_{i-1}$
政府分配：				
营业税	$\widehat{BT}_{i-1} = \hat{S}_{i-1} \times BTrate_{i-1}$			
增值税销项		$\widehat{OUTPUT}_i = \hat{S}_i \times VATrate_i$	$\widehat{OUTPUT}_{i-1} = \hat{S}_{i-1} \times VATrate_{i-1}$	$\widehat{OUTPUT}_i = \hat{S}_i \times VATrate_i$
减：增值税进项		$\widehat{INPUT}_i = \hat{C}_i \times VATrate_i$		$\widehat{INPUT}_i = \hat{C}_i \times VATrate_i$
增值税				$\widehat{VAT}_i = \widehat{OUTPUT}_i - \widehat{INPUT}_i$
期间费用				$EXPENSE\cdots$
利润总额				
政府：所得税				$\widehat{CIT}_i$
股东：净利润				$PROFIT$

    "营改增"对制造业企业可能产生减税效应的作用机制在于其延长了增值税抵扣链条，"消除营业税重复征税"所产生的减税效应上。因而我们的考察对象应该是其服务业供应商在营业税改增值税之后的带来的增值税负增量变动。我们做出如下假设：①制造业企业 i 某项销售收入为1，即 $S_i = 1$；②企业 i 有制造业供应商和服务业供应商，γ 为该项销售对应的采购

服务金额的占比，$\gamma[0，1]$，于是原服务业 $Ci = Si \times \gamma = \gamma$，并假定 γ' 为"营改增"后服务业采购的占比，则 γ'/γ 得以衡量其分工效应；③BT_{i-1} 是企业 i 的服务业供应商 $i-1$ 改征增值税前的营业税率；④$VAT_{i-1,s}$ 是企业 i 的服务业供应商 $i-1$ 改征增值税后的销项税率，服务业通常为较低档次的税率 6% 和 11%，即 $VAT_{i-1,s}[6\%，11\%]$；$VAT_{i,s}$ 是企业 i 的增值税税率，通常为 13%，16%，即 $VAT_{i,s}[13\%，16\%]$，并以 δ 衡量企业 i 增值税率与其供应商增值税率的差异；⑤α 是对供应商的议价能力，假定 $\Phi c = f(\alpha)$，是衡量服务业"营改增"后对企业价格效应的函数。因而，制造企业 i 在"营改增"前后的税负变化主要体现为其所采购的原服务业中间投入金额可以抵扣其增值税销项税额：

$$\Delta T = \{[VAT_S - (1 - \gamma) \times VAT_C] - [VAT_S - (1 - \gamma') \times VAT_C$$
$$- \Phi c \times \gamma' \times VAT_{i-1,s}]\};$$

整理得：

$$\Delta T = (\gamma - \gamma') \times VAT_C + \Phi c \times \gamma' \times VAT_{i-1,s} \qquad (6-1)$$

对于税收价格效应，本章假定增值税维持税收中性为 $\Phi = 1$，此时简化为：

$$\Delta T = (\gamma - \gamma') \times VAT_C + \gamma' \times VAT_{i-1,s} =$$
$$= \gamma \times \{[1 - (\gamma'/\gamma)] \times VAT_C + (\gamma'/\gamma) \times VAT_{i-1,s}\} \qquad (6-2)$$

在不考虑增值税对企业销售定价产生影响的情形下，在 ΔT 的影响因素中 γ 和 δ 分别衡量 1 个单位的销售额所包含的服务业采购金额占比，与其供应商增值税率 VAT_C 之间的差异。值得注意的是范子英和彭飞（2017）也提出增值税减税效应的发挥在于产业互联程度和上游企业的增值税税率。陈钊（2016）、范子英和彭飞（2017）还提出增值税具有分工效应，事实上本章中"营改增"前后 γ'/γ 的经济含义为互相印证，表明服务业在"营改增"后，中间投入采购占销售额比例的改变。本章的理论分析则进一步在企业个体的微观层面，明确了制造业受"营改增"政策影响的作用机制在于延长至服务业的抵扣链条的可抵扣基数和税率。

假设 6 - 1："营改增"政策未显著促进服务业企业固定资产投资规模增加。

第四节 数据、变量与模型

一、数据来源

本章选取 2003—2016 年沪深两市 A 股上市公司数据，并执行如下筛选程序：①剔除金融业上市公司；②剔除 ST、*ST 及 SST 企业；③剔除存在缺失值与异常值的企业。最终得到用于实证分析的样本企业观测值共计 27 523 个，同时为了消除极值对回归结果的影响，本章对所有连续变量均在 1% 与 99% 进行了 Winsorize 处理。企业增值税有效税负以及生产经营用新增固定资产投资额的数据从企业年报及附注中手工收集获得，其他数据来源国泰安经济金融数据库。数据的统计和检验主要采用 Stata15 软件。

二、变量定义

（一）被解释变量：企业投资

我们使用企业固定资产投资率（PPE）来衡量企业的投资行为，该指标定义为企业当年新增固定资产投资与营业收入的百分比，取现金流量表中"购建固定资产、无形资产和其他长期资产支付的现金"的本期发生额除以当期营业收入。同时，参考许伟和陈斌开（2016）的做法，我们构建一个净固定资产投资率（NPPE），采用现金流量表中"构建固定资产、无形资产和其他长期资产支付的现金"减去"处置固定资产、无形资产和其他长期资产收回的现金净额"，然后除以当期营业收入，以衡量企业当期净增加的投资额。

为了进一步确认企业在面临增值税有效税负降低时增加的投资是生产经营活动类固定资产投资，我们根据固定资产类别将企业新增固定资产投资划分为生产经营用固定资产和非生产经营用固定资产，具体做法为：通过阅读企业年报"固定资产"附注，将"房屋及建筑物"划分为非生产经营用固定资产，而将"运输工具""电子设备""机器设备""其他"划分为生产经营类固定资产，然后相应地除以当期营业收入以衡量非生产经营类固定资产（FAINV1）及生产经营类固定资产（FAINV2）。

（二）解释变量：增值税有效税负

本章参照许伟和陈斌开（2016）计算企业实际缴纳增值税的计算方法，首先将现金流量表中"支付的各项税费"调整为按权责发生制当期实际应承担的总体税收负担；然后，逐项扣除主税种所得税、营业税金及附加，以及管理费用中所涉及的各项税费。最后，采用当年销售收入进行标准化处理。具体而言，本章的计算方法为：

$$\begin{aligned}\text{企业当年实际}\atop\text{缴纳增值税} = {\text{现金流量表中支}\atop\text{付的各项税费}} + {\text{应交税费}\atop\text{年末余额}} - {\text{年初}\atop\text{余额}} - \text{所得税}\end{aligned}$$

$$- {\text{营业税}\atop\text{及附加}} - {\text{管理费用和销售}\atop\text{费用中各项"税""费"}}$$

企业增值税有效税负 = 企业当年实际缴纳增值税/营业收入

此外，本章还将流转税有效税负作为第二个解释变量。考虑到服务业企业在"营改增"之前是缴纳营业税，为同时考察增值税和营业税税负变化对企业投资的影响，我们设计企业流转税税负变量，具体做法为：将企业当年实际缴纳增值税额与营业税额相加，然后除以营业收入。企业当年实际缴纳的增值税和营业税计算方法如前所述，这一度量方式也能够增强本章研究的稳健性。

（三）控制变量

首先，本章考虑其他可能对投资产生影响的税负变量。第一，营业税有效税负。本章采用企业实际缴纳的营业税除以营业收入的方法衡量企业营业税有效税负，采用利润表中税金及附加科目附注中披露的营业税作为企业实际缴纳的营业税金额。第二，企业所得税有效税负，企业所得税的优惠政策可能同样影响企业投资，因此本章也将其作为控制变量。

其次，本章考虑财务层面变量，参照既有文献，包括资产规模（As-

set）、企业现金持有（*Cash*）、盈利能力（*ROA*）、资产负债率（*LEV*）、融资成本（*FINcost*）、企业年龄（*Age*）、大股东占款（*Occupy*）、企业成长性（*BM*）。具体变量定义见表6–3。

表6–3   变量定义

变量		变量含义	计算方法
被解释变量	*PPE*	固定资产投资率	现金流量表中"购建固定资产、无形资产和其他长期资产支付的现金"/营业收入
	NPPE	净固定资产投资率	现金流量表中"构建固定资产、无形资产和其他长期资产支付的现金"减去"处置固定资产、无形资产和其他长期资产收回的现金净额"/营业收入
	FAINV1	非生产经营性固定资产投资率	固定资产附注中"房屋及建筑物"本年增加额/营业收入
	FAINV2	生产经营性固定资产投资率	现金流量表中"购建固定资产、无形资产和其他长期资产支付的现金"减去固定资产附注中"房屋及建筑物"本年增加额/营业收入
解释变量	*VAT_S*	增值税有效税负	第 t 年实际应缴纳的增值税额/营业收入
	VATBT_S	流转税有效税负	第 t 年实际应缴纳的增值税与营业税之和/营业收入
控制变量	*BT_S*	营业税有效税负	第 t 年实际应缴纳的营业税额/营业收入
	CIT_S	所得税有效税负	第 t 年实际应缴纳的企业税额/营业收入
	Size	规模	第 $t-1$ 年；第 t 年末总资产的自然对数
	Age	企业年龄	第 $t-1$ 年企业年龄
	LEV	资产负债率	第 $t-1$ 年末总负债/总资产
	ROA	资产收益率	第 $t-1$ 年末净利润/总资产
	Cash	现金持有	第 $t-1$ 年现金持有
	FINcost	融资成本	第 $t-1$ 年财务费用/负债余额
	BM	成长性	第 $t-1$ 年末账面价值/市场价值
	Occupy	大股东占款	第 $t-1$ 年末其他应收款/总资产

其他变量主要是供应商约束。既有文献对增值税这一特征的研究和衡量非常稀缺，彭慕兰（2015）采用供应商的增值税销项税额直接衡量约束程度；方红星、张勇（2016）用前五名供应商、客户采购销售额占年度采购销售总额的比例来衡量供应商/客户的关系型交易，并以此来解释盈余管理；范子英和彭飞（2017）采用行业中间投入产出表加权计算获取某个行业对其他行业的关联程度。本书第一个衡量方法借鉴了范子英和彭飞（2017）的衡量方式。首先，依据证监会 2012 年行业分类的中 90 个行业分类标准与最新的《2012 年中国投入产出表》中的 135 个行业进行一一匹配，并以证监会分类标准为准。然后，根据中间投入表，构建行业层面的投入产出矩阵，用每个行业消耗的其他行业的投入系数乘以对应行业的增值税率。具体衡量方式如下：

$$SE_{i,j,t} = \sum_{i=1}^{135} VATrate_{i,j,t} \times INPUTcons_{i,t} \qquad (6-3)$$

其中，i 为行业（$i=1,\cdots,135$），j 表示地区（$j=1,\cdots,32$），t 表示年份，$VATrate$ 是各个中间投入所在行业的增值税税率，如前文所述根据增值税分行业、分地区的步骤准确查询其税率，如当年该行业为营业税则 $VATrate$ 为 0。与范子英和彭飞（2017）计算方法不同的是，我们对中间投入的系数进行了更准确的计算，事实上国家统计局至今发布了 5 次中间投入产出的统计表，分别为 2002 年、2005 年、2007 年、2010 年和 2012 年，由于本章选取的横截面数据时间跨度长，因而取某一年最新的行业投入标准能更准确地衡量增值税自我强化效应，即供应商约束的程度。

本章的第二个衡量方法参考方红星和张勇（2016）对供应商和客户的关系型交易的衡量，采用前五名供应商的采购比例（*Supply*）衡量主要供应商对企业的制约程度，采用前五名客户销售比例（*Customer*）衡量该企业对其客户依赖程度，也采用前五名供应商和前五名客户比例之和的均值（*Scii*）来衡量该企业受上下游抵扣链的制约程度。

三、模型设定

为检验本章假设，本章设定如下基准模型：

$$Invest = \gamma_0 + \gamma_1 Rate + \gamma_2 Size + \gamma_3 LEV + \gamma_4 ROA + \gamma_5 Cash + \gamma_6 Age$$
$$+ \gamma_7 Finsost + \gamma_8 BM + \gamma_9 Occupy + \gamma_{12} Year + \gamma_{13} Industry + \varepsilon$$

$$(6-4)$$

其中，$Invest$ 表示企业投资，包括固定资产投资率（PPE）、净固定资产投资率（$NPPE$）、非生产经营性固定资产投资率（$FAINV1$）以及生产经营性固定资产投资率（$FAINV2$）。$Rate$ 表示企业税负，包括增值税有效税负（VAT_S）、营业税有效税负（BT_S）、流转税有效税负（$VATBT\_S$），控制变量与前文所述一致。

第五节　描述性统计与相关性分析

一、描述性统计

表 6-4 给出了全样本描述性统计结果。从表 6-4 可知，样本企业新增固定资产投资额占营业收入的 18.4%，扣除处置收回的净额后净固定资产增加额占营业收入的 18.32%，其中非生产经营性固定资产投资率为 17.25%，而生产经营性固定资产投资率为 17.82%。从样本企业税负来看，增值税有效税负均值为 0.0376，表明样本企业平均缴纳的增值税额占营业收入的 3.76%，增值税有效税负最小值为 -0.262 可能是由于部分进出口企业享受出口退税；最大值为 0.441，说明这部分企业承担了沉重的增值税税负。同样的，样本企业平均缴纳的营业税额占营业收入的 1.52%，流转税有效税负为 5.31%。控制变量与已有文献基本一致，这里不再赘述。

表 6-4　　　　　　　　　　　　描述性统计

变量	N	$mean$	$p50$	sd	min	max
PPE	27 523	18.40	18.48	1.840	11.42	23.39
$NPPE$	27 523	18.32	18.42	1.890	11.24	23.33

续表

变量	N	mean	p50	sd	min	max
FAINV1	19 021	17. 25	17. 53	2. 169	10. 50	22. 00
FAINV2	20 955	17. 82	17. 81	2. 001	11. 39	23. 08
VAT_S	27 523	0. 0376	0. 0303	0. 0584	− 0. 262	0. 441
BT_S	27 523	0. 0152	0. 00676	0. 0236	0	0. 182
CIT_S	27 523	0. 0200	0. 0127	0. 0249	− 0. 0375	0. 188
VATBT_S	27 523	0. 0531	0. 0410	0. 0614	− 0. 181	0. 445
Size	27 523	21. 87	21. 70	1. 267	19. 11	26. 47
Age	27 523	14. 04	14	5. 866	2	32
LEV	27 523	0. 489	0. 486	0. 200	0. 0711	1. 798
OPR	27 523	0. 0660	0. 0638	0. 204	− 2. 742	0. 839
ROA	27 523	0. 0317	0. 0324	0. 0571	− 0. 413	0. 248
Cash	27 523	0. 167	0. 135	0. 122	0. 00252	0. 765
FINcost	27 523	− 0. 0381	0. 0457	0. 720	− 10. 19	1. 804
Occupy	27 523	0. 0337	0. 0125	0. 0587	6. 17e − 05	0. 598
BM	27 523	0. 990	0. 697	0. 915	0. 0607	7. 388

二、变量相关性检验

为验证各变量之间的相关性，本章进行了变量间相关性检验。由表 6 - 5 可见，企业固定资产投资（PPE）与增值税有效税负（VAT_S）在 1% 水平显著正相关、而与增值税和营业税之和（VATBT_S）在 1% 水平显著负相关；企业生产经营用固定资产（FAINV2）与增值税和营业税之和（VAT-BT_S）在 1% 水平显著负相关，这初步验证了本章的假设。另外，主要变量两两之间的相关系数基本小于 0. 4，说明变量之间不存在严重的多重共线性问题，模型变量的选取比较合理。

表 6 - 5

主要变量相关性检验

变量	PPE	FAINV1	FAINV2	VAT_S	CIT_S	VATBT_S	SIZE	AGE	LEV	ROA	CASH	FINCOST	OCCUPY	BM
PPE		0.60 ***	0.75 ***	0.02 ***	0.08 ***	0.00	0.69 ***	0.04 ***	0.15 ***	0.17 ***	-0.02 ***	-0.05 ***	-0.23 ***	0.30 ***
FAINV1	0.60 ***		0.64 ***	0.02 ***	0.03 ***	0.01	0.51 ***	0.03 ***	0.17 ***	0.07 ***	-0.05 ***	-0.02 ***	-0.11 ***	0.25 ***
FAINV2	0.79 ***	0.63 ***		0.02 **	-0.01	-0.03 ***	0.62 ***	0.02 **	0.17 ***	0.08 ***	-0.11 ***	0.02 **	-0.22 ***	0.31 ***
VAT_S	0.02 ***	0.03 ***	0.03 ***		0.01 *	0.91 ***	-0.08 ***	-0.04 ***	-0.14 ***	0.02 **	-0.03 ***	-0.01	-0.06 ***	-0.07 ***
CIT_S	-0.01	-0.01 *	-0.07 ***	-0.10 ***		0.14 ***	0.09 ***	0.02 **	-0.25 ***	0.55 ***	0.09 ***	-0.21 ***	-0.08 ***	-0.18 ***
VATBT_S	-0.04 ***	0.01	-0.06 ***	0.92 ***	0.06 ***		-0.02 **	0.02 **	-0.09 ***	0.03 ***	-0.06 ***	-0.05 ***	-0.01 *	-0.02 ***
SIZE	0.68 ***	0.51 ***	0.63 ***	-0.09 ***	0.09 ***	-0.03 ***		0.26 ***	0.34 ***	0.05 ***	-0.12 ***	-0.02 ***	-0.16 ***	0.46 ***
AGE	0.07 ***	0.01 **	-0.03 ***	-0.09 ***	0.02 ***	-0.03 ***	0.31 ***		0.14 ***	-0.09 ***	-0.14 ***	0.08 ***	-0.05 ***	0.02 ***
LEV	0.05 ***	0.13 ***	0.09 ***	-0.11 ***	-0.17 ***	-0.06 ***	0.28 ***	0.16 ***		-0.41 ***	-0.28 ***	0.23 ***	0.19 ***	0.55 ***
ROA	0.19 ***	0.10 ***	0.13 ***	-0.03 ***	0.33 ***	-0.02 ***	0.08 ***	-0.07 ***	-0.39 ***		0.22 ***	-0.20 ***	-0.17 ***	-0.36 ***
CASH	0.02 ***	-0.07 ***	-0.10 ***	0.02 *	0.04 ***	-0.02 ***	-0.09 ***	-0.10 ***	-0.31 ***	0.18 ***		-0.35 ***	0.00	-0.18 ***
FINCOST	0.00	0.02 ***	0.03 ***	-0.02 ***	-0.06 ***	-0.02 ***	0.01 *	-0.00	0.17 ***	-0.10 ***	-0.26 ***		0.06 ***	0.11 ***
OCCUPY	-0.31 ***	-0.13 ***	-0.22 ***	0.02 ***	-0.04 ***	0.03 ***	-0.25 ***	-0.17 ***	0.18 ***	-0.25 ***	-0.13 ***	0.04 ***		0.08 ***
BM	0.33 ***	0.27 ***	0.33 ***	-0.07 ***	-0.08 ***	-0.02 ***	0.56 ***	0.14 ***	0.48 ***	-0.21 ***	-0.16 ***	0.07 ***	-0.02 ***	

第六节　回归分析

一、基本回归分析

表 6－6 报告了增值税有效税负与企业投资关联的基本回归结果。可见，增值税有效税负越高，企业投资规模反而越高；营业税有效税负越高，企业投资规模显著降低，综合起来看，企业流转税税负与企业投资之间并不存在显著的相关关系。也就是说，通过实证检验，我们发现，除了营业税税负降低可以促进企业投资这一结论比较符合预期外，其他两个结论并不符合预期，我们并没有清晰地得出企业增值税及流转税税负变化会对企业投资产生什么样的影响。这一实证结果出乎我们的意料，但更加引起我们的深思：影响企业投资的因素是多方面的，究竟是税负变动引起了企业投资行为的变化还是其他政策抑或是企业自身的投资需求导致的投资变化？如何分离税收因素影响与非税收因素影响是这一研究领域的关键（Graham，2003）。如道奇等（2015）认为的，税收的实证研究的一个重大挑战是税收的效应难以识别。混合横截面的检验在因果关系识别上面临挑战，而基于税收政策变化的检验又十分有限，同时也需要与其他政策变化区分开来。那么，企业增值税税负是否会影响到企业投资？影响了哪种类型的投资？究竟是税收因素还是其他因素影响了企业投资？这些都是值得深入研究的问题。

表 6－6　　　　　　　　　增值税税负与企业投资基本回归结果

VARIABLES	(1) PPE	(2) PPE	(3) NPPE	(4) NPPE
VAT_S	0.8856 *** (4.84)		0.9601 *** (5.09)	

续表

VARIABLES	(1) PPE	(2) PPE	(3) NPPE	(4) NPPE
BT_S	−10.5974 *** (−9.69)		−10.5161 *** (−9.64)	
VATBT_S		−0.2073 (−1.10)		−0.1353 (−0.70)
CIT_S	−2.0945 *** (−2.83)	−5.4247 *** (−7.24)	−1.9113 ** (−2.53)	−5.2407 *** (−6.87)
SIZE	1.1189 *** (67.39)	1.1120 *** (67.13)	1.1270 *** (66.30)	1.1200 *** (66.17)
AGE	−0.0257 *** (−7.31)	−0.0290 *** (−7.97)	−0.0294 *** (−8.17)	−0.0327 *** (−8.78)
LEV	−0.4697 *** (−4.95)	−0.5281 *** (−5.44)	−0.4872 *** (−4.99)	−0.5457 *** (−5.47)
OPR	0.1482 (1.56)	0.1413 (1.40)	0.2021 ** (2.05)	0.1955 * (1.88)
ROA	2.1764 *** (7.32)	2.3041 *** (7.41)	2.2306 *** (7.38)	2.3577 *** (7.46)
CASH	0.4893 *** (4.41)	0.6039 *** (5.41)	0.5766 *** (5.04)	0.6911 *** (6.01)
FINCOST	0.0349 *** (2.69)	0.0401 *** (3.30)	0.0347 *** (2.61)	0.0398 *** (3.23)
OCCUPY	−2.9060 *** (−11.78)	−2.8914 *** (−11.15)	−3.1768 *** (−12.73)	−3.1621 *** (−12.11)
BM	−0.0376 * (−1.75)	−0.0462 ** (−2.13)	−0.0385 * (−1.75)	−0.0472 ** (−2.12)
Observations	27 523	27 523	27 523	27 523
Province FE	YES	YES	YES	YES
Industry FE	YES	YES	YES	YES

VARIABLES	(1) PPE	(2) PPE	(3) NPPE	(4) NPPE
Year FE	YES	YES	YES	YES
Cluster	YES	YES	YES	YES
r2_a	0.623	0.611	0.607	0.596

注：括号中报告的是 t 值，*、**、*** 分别表示在 10%、5%、1% 的统计水平下显著。

考虑到在现有增值税税制框架下，企业购买生产经营性固定资产的进项税额是可以进行抵扣的，如生产用机器设备等，而购买"房屋建筑物"一类的固定资产是不能抵扣进项税的，我们将企业投资进一步区分为"非生产经营性投资"与"生产经营性投资"两类，并且预期，当企业增值税税负发生变化刺激到企业投资行为时，更多的是对生产经营性投资产生影响。表 6 - 7 报告了增值税税负与企业两类投资的回归结果，可以看到，对非生产经营性投资，增值税税负越高，企业此类投资越高，也就是说企业在进行"房屋建筑物"投资的时候并没有考虑增值税税负的影响；而对生产经营性投资，增值税税负下降可以显著促进企业生产经营性投资，这一结论对营业税税负及流转税税负同样适用。对于非生产经营性固定资产投资，由于增值税进项抵扣的缺失，因此企业投资决策没有受增值税税负的影响，这恰好可以作为生产经营性固定资产投资效应的反事实检验。

表 6 - 7　　　　增值税税负与企业不同类型投资的回归结果

VARIABLES	(1) 非生产经营性投资	(2) 非生产经营性投资	(3) 生产经营性投资	(4) 生产经营性投资
VAT_S	1.3845 *** (4.27)		-0.5235 ** (-2.19)	
BT_S	-5.5892 *** (-4.57)		-12.8947 *** (-10.58)	

续表

VARIABLES	（1） 非生产经营性投资	（2） 非生产经营性投资	（3） 生产经营性投资	（4） 生产经营性投资
VATBT_S		0. 6107 ** (2. 01)		− 1. 7601 *** （ − 7. 45）
CIT_S	− 1. 6154 （ − 1. 51）	− 3. 6755 *** （ − 3. 66）	− 6. 6605 *** （ − 7. 92）	− 10. 3035 *** （ − 12. 69）
SIZE	1. 0186 *** (44. 47)	1. 0140 *** (44. 64)	1. 1618 *** (61. 38)	1. 1560 *** (60. 76)
AGE	− 0. 0283 *** （ − 6. 54）	− 0. 0302 *** （ − 6. 92）	− 0. 0249 *** （ − 6. 39）	− 0. 0286 *** （ − 7. 09）
LEV	0. 1375 (1. 10)	0. 1031 (0. 82)	− 0. 3275 *** （ − 3. 04）	− 0. 3955 *** （ − 3. 57）
OPR	− 0. 3518 ** （ − 2. 17）	− 0. 3530 ** （ − 2. 16）	0. 0465 (0. 41)	0. 0461 (0. 38)
ROA	2. 8808 *** (5. 98)	2. 9841 *** (6. 16)	1. 6676 *** (5. 10)	1. 7571 *** (5. 21)
CASH	− 0. 2384 （ − 1. 47）	− 0. 1697 （ − 1. 05）	− 0. 6094 *** （ − 5. 03）	− 0. 4795 *** （ − 3. 91）
FINCOST	0. 0426 ** (2. 08)	0. 0456 ** (2. 21)	0. 0101 (0. 79)	0. 0150 (1. 20)
OCCUPY	− 1. 3994 *** （ − 3. 56）	− 1. 3874 *** （ − 3. 46）	− 2. 7350 *** （ − 8. 51）	− 2. 7003 *** （ − 7. 89）
BM	− 0. 0273 （ − 1. 05）	− 0. 0305 （ − 1. 16）	− 0. 0180 （ − 0. 81）	− 0. 0249 （ − 1. 11）
Observations	19 021	19 021	20 955	20 955
Province FE	YES	YES	YES	YES
Industry FE	YES	YES	YES	YES
Year FE	YES	YES	YES	YES
Cluster	YES	YES	YES	YES
r2_a	0. 327	0. 325	0. 609	0. 598

注：括号中报告的是 t 值，* 、** 、*** 分别表示在 10%、5%、1% 的统计水平下显著。

二、"营改增"促进了企业投资吗

由于营业税与增值税长期并存，缴纳增值税的行业在采购营业税行业的产品或服务时无法抵扣进项税，而营业税行业采购增值税行业产品时则会在营业税中被重复纳入计税基础，从而不利于企业在各自生产或服务环节中的投资升级。在这种背景下，2012—2016 年营业税改增值税是中国实施的新一轮财税改革的核心。不同于增值税转型改革，"营改增"政策实施的主要目的在于消除重复征税、促进产业转型升级和中国经济结构调整（陈晓光，2013）。基于以上事实，我们对"营改增"是否以及如何影响微观企业的投资行为进行探讨。

具体来说，本章研究了"营改增"税制变化所提供的"准自然实验"以识别统计上和经济意义上增值税税负变化对企业投资行为产生的影响。2012—2016 年中国实施了"营改增"这一重要的税制改革，力图降低重复征税、促进转型升级。税制变化是一项重要的财政政策，识别其政策效应需要应对税收的内生性，而"营改增"的实施过程是分行业、分地区在 4 年多的时间内完成的，这种从试点行业和地区向全国逐步推广的税收政策，使我们需要考虑其动态的过程。而政府部门选择实施某项税收政策的区域或者部门也不是完全随机的，而会取决于行业或地区公司在规模、生产率、资金密集程度、所有权等方面的特征。这使税收政策冲击具有潜在的选择性偏差，难以识别其因果效应。因此，本章采用双重差分法进行研究，探讨"营改增"这一税收政策对企业投资活动的影响，以及这种影响是否在不同公司间、行业间存在异质性。这一方法有两个优点。首先，我们排除了不可比公司，突出强调了处理组和对照组的可比性，在同样的时间变化趋势中克服潜在的选择性偏差。其次，便于分离税收效应和非税收效应对企业投资行为产生的影响。

为了采用双重差分法辨识增值税改革与企业投资行为之间的因果效应，最好的计量策略是比较一组受到该政策影响的公司和另一组完全不受该政策影响的公司。"营改增"的政策背景为我们提供了一个非常稀少的检验环境。"营改增"改革首先从上海市的交通运输业和六个现代服务业（包括研发和技术、信息技术、文化创意、物流辅助、有形动产租赁、鉴证咨询服务）开始，逐步推广到其他省份及行业，但这种安排不是随机的，很可能的原因是由于这些行业或省份落后于其他行业和省份，也可能是这些省份的产业资本密集程度更高，降低增值税对这些行业的刺激作用更强，从而导致"营改增"在持续 4 年的时间里分行业分地区逐步推动。因此，评价增值税政策变化对企业投资行为的因果效应面临严重的自选择问题。

为了解决这一内生性问题，我们构建一个反映时间、行业和地区层面变化的虚拟变量以区分处理组和对照组，然后采用双重差分法消除处理组和控制组中具有同样的时变趋势的不可观测特征。本章参考范子英和彭飞（2017）的作法，将非营业税行业企业作为对照组，构建如下双重差分模型：

$$Y = \beta_0 + \beta_1 DUMMY_{province,ind,year} + \delta X_{i,t-1} + \sum \lambda Industry + \sum \gamma Year + \varepsilon_{i,t}$$

$$(6-5)$$

其中，$Industry$ 和 $Year$ 分别表示行业和年份层面的固定效应，$X_{i,t-1}$ 是其他控制变量，$\varepsilon_{i,t}$ 是误差项。我们关注的变量是 $DUMMY_{province,ind,year}$ 实际上是考虑了省份虚拟变量、行业虚拟变量和实施"营改增"之后年份虚拟变量的交乘项，具体如下：

$$DUMMY_{province,ind,year} = DUMMY_{province} \times DUMMY_{ind} \times DUMMY_{year} \quad (6-6)$$

我们按照"营改增"的进程，第一次"营改增"政策冲击是 2012 年的试点，当公司注册地属于上海和北京、天津、江苏、安徽、浙江、福建、湖北、广东八个省市时，$DUMMY_{province}$ 取 1，其他为 0；当公司所属行业为 1 个交通运输和 6 个现代服务业时 $DUMMY_{ind}$ 取 1，其他为 0；当年份在 2012 年及之后时 $DUMMY_{year}$ 取 1，其他为 0。第二次"营改增"政策冲击，即 2013 年 8 月 1 日开始对 1 个交通运输和 6 个现代服务业在其余省份进行推广，当公司注册地属于其他省份时 $DUMMY_{province}$ 取 1，其他为 0；当公司所属行业为 1 个交通运输和 6 个现代服务业时 $DUMMY_{ind}$ 取 1，其他为 0；当年份在 2013 年及之后时 $DUMMY_{year}$ 取 1，其他为 0。第三次"营改增"政策冲击，2013 年 8 月 1 日广播影视业开始实行增值税，当公司所属行业为广播影视业时 $DUMMY_{ind}$ 取 1，其他为 0；当年份在 2013 年及之后时 $DUMMY_{year}$ 取 1，其他为 0。第四次政策冲击，2014 年 1 月 1 日铁路和邮政业开始实施增值税、2014 年 6 月 1 日电信业开始实施增值税，同样当公司所属行业为这三个行业时 $DUMMY_{ind}$ 取 1，年份为 2014 年及之后时 $DUMMY_{year}$ 取 1。第五次政策冲击是 2016 年 5 月 1 日建筑业、房地产业、金融业和生活服务业四个最后的营业税行业也开始实行增值税，虚拟变量 $DUMMY_{province,ind,year}$ 不再赘述。因此，该虚拟变量的系数 β_1 衡量的是"营改增"政策对企业投资的影响。

多期政策冲击的双重差分法回归结果如表 6 - 8 所示。我们发现，"营改增"后处理组固定资产投资规模反而受到抑制，这可能是因为"营改增"最大的意义并不是减税，而是通过合理设置税制要素，解决企业在经营过程中的重复征税问题，调节产业结构，使第三产业服务业和第一、第二产业税收政策相同，公平税负，整体税负略有下降，但不排除某些企业税负加重的情况。因此，"营改增"后服务业企业并没有足够的动力去增加固定资产投资规模。

表 6 - 8　　　　　　　"营改增"与企业投资的回归结果

VARIABLES	(1) PPE	(2) NPPE	(3) FAINV1	(4) FAINV2
$DUMMY_{province,ind,year}$	- 0. 2220 *** (- 3. 78)	- 0. 1982 *** (- 3. 30)	- 0. 1556 * (- 1. 70)	- 0. 4535 *** (- 7. 26)
BT_S	- 10. 8127 *** (- 9. 61)	- 10. 7047 *** (- 9. 53)	- 5. 5999 *** (- 4. 50)	- 13. 2946 *** (- 10. 78)
CIT_S	- 2. 2328 *** (- 3. 04)	- 2. 0757 *** (- 2. 77)	- 1. 9802 * (- 1. 87)	- 6. 4672 *** (- 7. 73)
SIZE	1. 1203 *** (67. 54)	1. 1283 *** (66. 44)	1. 0193 *** (44. 60)	1. 1618 *** (61. 55)

续表

VARIABLES	（1） PPE	（2） NPPE	（3） FAINV1	（4） FAINV2
AGE	−0.0255 *** （−7.25）	−0.0291 *** （−8.11）	−0.0279 *** （−6.43）	−0.0249 *** （−6.42）
LEV	−0.5034 *** （−5.30）	−0.5243 *** （−5.36）	0.0843 （0.68）	−0.3030 *** （−2.83）
OPR	0.1357 （1.42）	0.1886 * （1.91）	−0.3577 ** （−2.20）	0.0472 （0.41）
ROA	2.1720 *** （7.29）	2.2226 *** （7.34）	2.8822 *** （5.97）	1.7231 *** （5.29）
CASH	0.5078 *** （4.58）	0.5944 *** （5.20）	−0.2270 （−1.40）	−0.5930 *** （−4.91）
FINCOST	0.0335 *** （2.61）	0.0332 ** （2.53）	0.0407 ** （1.97）	0.0107 （0.82）
OCCUPY	−2.8985 *** （−11.73）	−3.1701 *** （−12.67）	−1.3993 *** （−3.54）	−2.7117 *** （−8.50）
BM	−0.0359 * （−1.67）	−0.0373 * （−1.69）	−0.0275 （−1.06）	−0.0136 （−0.62）
Observations	27 523	27 523	19 021	20 955
Province FE	YES	YES	YES	YES
Industry FE	YES	YES	YES	YES
Year FE	YES	YES	YES	YES
Cluster	YES	YES	YES	YES
r2_a	0.622	0.606	0.326	0.610

注：括号中报告的是 t 值，* 、** 、*** 分别表示在 10% 、5% 、1% 的统计水平下显著。

三、"营改增"刺激作用的异质性

参考既有研究，学者们通常认为税收费用在产权性质（刘骏和刘峰，2014），地域（毛德风等，2016）、税收征管力度（高培勇，2006）等方面表现出异质性。与本书第三章对增值税影响因素异质性的考察相近,我们在"营改增"对投资的促进作用是否及表现出怎样的异质性进行讨论。

(一)区分产权性质

如本书第三章讨论的增值税异质性影响企业税负的诸多因素中,产权是较早受到关注的因素。刘骏和刘峰(2014)发现,民企税负显著高于国企,并认为是由于国企的游说能力较强,并且我国国企一般承担着部分政策性负担,政府可能会给予其较多的政策优惠作为补偿。但与此同时,国企高管进行决策时,可能会迎合上缴利税和经济增长等官员晋升评价指标。因此,"营改增"的政策效应可能在国有企业与非国有企业之间存在差异。由表 6-9 可见,无论是国有企业还是非国有企业,未发现"营改增"对固定资产(PPE)和房屋建筑物($FAINV1$)产生刺激作用,反而是其相关系数均为负。但对生产经营用固定资产与是否受"营改增"冲击的虚拟变量($DUMMY_{province,ind,year}$)则均在 1% 水平上显著负相关。这与本书第三章的增值税产权未表现出异质性一致。

表 6-9   不同产权性质下"营改增"对投资的促进作用

VARIABLES	(1) 国有	(2) 非国有	(3) 国有	(4) 非国有	(5) 国有	(6) 非国有
	PPE	PPE	$FAINV1$	$FAINV1$	$FAINV2$	$FAINV2$
$DUMMY_{p,i,y}$	-0.1021 (-1.26)	-0.0340 (-0.35)	-0.1760 (-1.41)	-0.3214 * (-1.71)	-0.3325 *** (-4.28)	-0.3214 *** (-2.86)
BT_S	-8.9040 *** (-6.31)	-5.4663 *** (-3.31)	-5.2829 ** (-2.32)	-8.0364 *** (-3.52)	-9.2981 *** (-5.56)	-6.6019 *** (-3.70)
CIT_S	-1.9047 ** (-2.06)	-2.1107 ** (-2.08)	0.8274 (0.57)	-2.1464 (-1.26)	-3.0286 *** (-2.76)	-2.8473 *** (-2.93)
$SIZE$	1.1791 *** (30.09)	1.1090 *** (24.44)	1.1866 *** (22.68)	1.1213 *** (16.35)	1.1350 *** (27.41)	1.2141 *** (22.31)
AGE	-0.1722 * (-1.89)	0.1621 (1.49)	-0.1966 (-1.01)	0.0419 (0.20)	-0.2271 ** (-2.31)	-0.0374 (-0.24)

续表

VARIABLES	(1) 国有	(2) 非国有	(3) 国有	(4) 非国有	(5) 国有	(6) 非国有
	PPE	PPE	FAINV1	FAINV1	FAINV2	FAINV2
LEV	0.1639 (1.02)	− 0.4723 *** (− 3.10)	0.5792 ** (2.56)	0.3808 (1.63)	0.6100 *** (3.71)	0.0318 (0.20)
OPR	0.5410 *** (3.33)	0.2023 (1.64)	− 0.1245 (− 0.60)	0.1262 (0.45)	0.4456 *** (2.90)	0.0059 (0.05)
ROA	1.2483 *** (2.85)	0.4079 (0.98)	0.1528 (0.26)	0.7901 (0.92)	0.2298 (0.56)	0.6093 (1.58)
CASH	1.1844 *** (6.89)	1.1260 *** (8.95)	0.3878 (1.41)	0.4674 ** (1.99)	0.0184 (0.10)	0.4083 *** (2.85)
FINCOST	− 0.0199 (− 0.97)	0.0115 (0.84)	− 0.0411 (− 0.93)	0.0292 (0.93)	− 0.0087 (− 0.38)	0.0075 (0.49)
OCCUPY	− 2.0679 *** (− 5.56)	− 2.0515 *** (− 4.43)	− 1.3517 ** (− 2.04)	− 2.1526 *** (− 3.00)	− 2.0196 *** (− 4.68)	− 1.4174 *** (− 2.92)
BM	− 0.1022 *** (− 5.46)	− 0.0998 ** (− 2.45)	− 0.0609 ** (− 2.08)	0.0444 (0.79)	− 0.0867 *** (− 4.13)	− 0.0794 * (− 1.85)
Observations	12 133	11 528	10 312	8 709	11 178	9 777
Number of code	1 269	1 941	1 221	1 675	1 244	1 728
Firm FE	YES	YES	YES	YES	YES	YES
Year FE	YES	YES	YES	YES	YES	YES
r2_a	0.331	0.335	0.106	0.0979	0.218	0.257

注：括号中报告的是 t 值，*、**、*** 分别表示在10%、5%、1%的统计水平下显著。

（二）区分不同区域

接下来考察"营改增"的区域异质性。本章仍然借鉴毛德凤等（2016）对区域的划分，按照注册地将样本企业划分为东部、中部、西部、东北及经济特区。我们主要考察经营性固定资产受"营改增"政策刺激作用的异质性。由表6－10可以看出，东北和经济特区企业未受到"营改增"政策明显的冲击。我们认为可能这与地区财政压力、税收征管能力等不同有关。

表 6 – 10　　　　　不同区域下企业投资与企业增值税有效税负的回归结果

VARIABLES	(1) 东部	(2) 中部	(3) 西部	(4) 东北	(5) 经济特区
	FAINV2	FAINV2	FAINV2	FAINV2	FAINV2
$DUMMY_{p,i,y}$	− 0. 5521 *** (− 5. 38)	− 0. 3656 ** (− 2. 08)	− 0. 4423 ** (− 2. 12)	− 0. 2127 (− 0. 83)	− 0. 0589 (− 0. 51)
BT_S	− 15. 8638 *** (− 7. 26)	− 6. 6162 ** (− 2. 06)	− 7. 8078 *** (− 2. 83)	− 15. 9714 *** (− 3. 21)	− 7. 4057 *** (− 3. 81)
CIT_S	− 3. 3896 *** (− 2. 67)	− 1. 7341 (− 1. 01)	− 2. 0142 (− 1. 20)	− 0. 3514 (− 0. 17)	− 5. 9784 *** (− 4. 38)
SIZE	1. 1839 *** (23. 30)	1. 0983 *** (16. 98)	1. 2124 *** (17. 73)	1. 1631 *** (9. 01)	1. 1689 *** (15. 68)
AGE	0. 1451 * (1. 68)	− 0. 6394 (− 1. 34)	0. 0249 (0. 08)	− 0. 4764 (− 0. 90)	− 0. 3849 *** (− 2. 89)
LEV	0. 4553 ** (2. 51)	0. 1163 (0. 42)	0. 1286 (0. 54)	0. 1548 (0. 43)	0. 4503 * (1. 73)
OPR	0. 1348 (0. 92)	− 0. 0260 (− 0. 12)	0. 1802 (0. 81)	0. 4883 * (1. 77)	0. 2375 (1. 23)
ROA	0. 4200 (0. 91)	1. 0832 ** (2. 00)	1. 0613 * (1. 90)	− 0. 6921 (− 0. 67)	1. 1399 * (1. 94)
CASH	0. 5703 *** (3. 67)	0. 3729 (1. 43)	0. 3296 (1. 12)	− 0. 5097 (− 0. 93)	0. 2670 (1. 14)
FINCOST	0. 0264 (1. 48)	− 0. 0767 *** (− 2. 84)	− 0. 0179 (− 0. 46)	− 0. 0219 (− 0. 59)	0. 0020 (0. 08)
OCCUPY	− 1. 7827 *** (− 2. 68)	− 1. 0171 * (− 1. 66)	− 2. 1679 *** (− 2. 88)	0. 0882 (0. 10)	− 2. 2877 *** (− 3. 26)

续表

VARIABLES	（1）东部	（2）中部	（3）西部	（4）东北	（5）经济特区
	FAINV2	FAINV2	FAINV2	FAINV2	FAINV2
BM	− 0. 0987 *** （− 3. 59）	− 0. 1336 *** （− 3. 05）	0. 0071 （0. 14）	− 0. 0935 （− 1. 25）	− 0. 0777 * （− 1. 74）
Observations	8 634	3 368	3 639	1 431	3 883
Number of code	1 221	379	407	162	505
Firm FE	YES	YES	YES	YES	YES
Year FE	YES	YES	YES	YES	YES
r2_a	0. 229	0. 232	0. 289	0. 289	0. 279

注：括号中报告的是 t 值，* 、** 、*** 分别表示在10%、5%、1%的统计水平下显著。

（三）税收征管力度

税收征管力度也是影响企业税收负担的重要因素（高培勇，2006）。本书参照叶康涛和刘行（2011）的做法，构建一个关于税收征管力度（Tax Enforcement）的变量，详细计算过程如第三章所述。由表6 – 11 可知，在强征管力度地区与弱征管力度地区，生产经营设备投资在"营改增"实施后显著下降。但是房屋建筑物投资仅在征管力度较弱的情形下，受到抑制。我们认为可能的解释是，原营业税税收征管受地方政府的影响，征管力度弱的地区营业税缴纳较少，但是在改征增值税后，由国家税务局统一征管，征管力度上升使得新缴纳的增值税高于原缴纳的营业税。这也印证了"营改增"可能造成服务业范围税负上升。

表6 – 11　　　　不同征管力度下企业投资与企业增值税有效税负的回归结果

VARIABLES	（1）监管弱	（2）监管强	（3）监管弱	（4）监管强	（5）监管弱	（6）监管强
	PPE	PPE	FAINV1	FAINV1	FAINV2	FAINV2
$DUMMY_{p,i,y}$	− 0. 3549 *** （− 3. 24）	− 0. 0372 （− 0. 49）	− 0. 3568 ** （− 1. 99）	− 0. 1864 （− 1. 34）	− 0. 5317 *** （− 4. 87）	− 0. 2422 *** （− 2. 84）

续表

VARIABLES	（1）监管弱	（2）监管强	（3）监管弱	（4）监管强	（5）监管弱	（6）监管强
	PPE	PPE	FAINV1	FAINV1	FAINV2	FAINV2
BT_S	− 9. 6323 ***	− 10. 3068 ***	− 9. 3957 ***	− 7. 0430 ***	− 9. 5485 ***	− 11. 8799 ***
	（− 6. 44）	（− 6. 68）	（− 4. 11）	（− 2. 90）	（− 6. 44）	（− 6. 51）
CIT_S	− 2. 9478 ***	− 1. 6638 *	0. 0910	− 3. 5040 **	− 2. 8710 ***	− 2. 4657 **
	（− 3. 33）	（− 1. 71）	（0. 06）	（− 1. 98）	（− 2. 91）	（− 2. 31）
SIZE	1. 1906 ***	1. 0821 ***	1. 2626 ***	1. 0574 ***	1. 1767 ***	1. 1382 ***
	（34. 07）	（27. 94）	（22. 61）	（16. 69）	（27. 63）	（26. 03）
AGE	− 0. 0256	− 0. 0458	− 0. 0504	− 0. 1166	− 0. 2034	− 0. 0069
	（− 0. 27）	（− 0. 36）	（− 0. 27）	（− 0. 36）	（− 1. 12）	（− 0. 04）
LEV	− 0. 1541	− 0. 1251	0. 6848 ***	0. 2654	0. 4599 ***	0. 2133
	（− 1. 14）	（− 0. 83）	（3. 03）	（1. 06）	（3. 05）	（1. 27）
OPR	0. 3644 ***	0. 0709	− 0. 2705	0. 5811 **	0. 2918 **	0. 0464
	（3. 25）	（0. 48）	（− 1. 27）	（1. 99）	（2. 51）	（0. 26）
ROA	0. 9986 ***	1. 6534 ***	1. 4509 **	− 0. 4400	0. 2837	0. 8973 *
	（2. 86）	（3. 60）	（2. 31）	（− 0. 54）	（0. 85）	（1. 76）
CASH	1. 3845 ***	1. 1340 ***	0. 3101	0. 4814 *	0. 3738 **	0. 3029 *
	（9. 46）	（7. 96）	（1. 28）	（1. 70）	（2. 18）	（1. 89）
FINCOST	− 0. 0306	0. 0195	0. 0212	− 0. 0095	− 0. 0054	0. 0058
	（− 1. 36）	（1. 15）	（0. 38）	（− 0. 26）	（− 0. 25）	（0. 31）
OCCUPY	− 2. 2773 ***	− 2. 4472 ***	− 2. 5216 ***	− 1. 0992	− 1. 4902 ***	− 1. 1814 **
	（− 6. 77）	（− 6. 02）	（− 4. 12）	（− 1. 56）	（− 3. 66）	（− 2. 19）
BM	− 0. 1085 ***	− 0. 0811 ***	− 0. 0139	− 0. 0251	− 0. 1055 ***	− 0. 0338
	（− 4. 45）	（− 3. 57）	（− 0. 35）	（− 0. 67）	（− 3. 67）	（− 1. 22）
Observations	11 929	11 886	9 459	9 509	10 390	10 507
Number of code	2 278	2 547	2 181	2 402	2 246	2 477
Firm FE	YES	YES	YES	YES	YES	YES
Year FE	YES	YES	YES	YES	YES	YES
r2_a	0. 345	0. 328	0. 119	0. 0810	0. 240	0. 214

注：括号中报告的是 t 值，* 、** 、*** 分别表示在10% 、5% 、1% 的统计水平下显著。

从上述异质性检验来看，"营改增"的投资刺激作用体现出以下几个特征：第一，产权和区域未表现出明显的异质性，而税收征管力度成为外部影响因素，其机理可能是原营业税应税服务和行为在征管力度较弱的情形下，因受地方政府影响可能税负较轻；在"营改增"后征收机关变成国家税务局，征管力度上升导致缴纳的增值税高于原营业税。第二，生产经营类设备在产权性质、地域、征管力度上未发现异质性，这可能是由于生产经营设备的更新期限（通常经济寿命在 3～10 年）明显短于房屋建筑物（一般为 10 年以上），在"营改增"的 4 年间，企业可能已经更新或加大生产经营设备的投资。

四、"营改增"政策对企业投资的传导机制

基于本书第三章对增值税税负影响因素的分析，本章更着重考察"营改增"如何在税制设计的宏观层面和税负转嫁能力的微观层面影响企业投资行为。理由是从营业税改征增值税后，计税基础的变更使得企业需寻求可抵扣项以降低计税基础；同时，相比在原先缴纳营业税的情形下，企业更需要获得增值税专用发票需求抵扣以转嫁税负。

（一）可抵扣空间

首先考察"营改增"政策对虚拟变量可抵扣空间的影响，可抵扣空间是税制设计层面影响增值税税负的制约因素，因此很可能成为传导机制中的制约因素。表 6-12 汇报了可抵扣空间对"营改增"政策效应的影响，交乘项 $DUMMY_{a,i,y} \times INPUTBASE$ 的系数即反映了这一因素的影响。第（1）～第（3）栏交乘项系数在 5% 水平显著为正、第（4）栏交乘项系数在 10% 水平显著为正，这说明可抵扣空间越小，原本最大程度可获取的增值税进项税额越少，对增值税的负向抑制的程度反而较小，从而削弱了政策的负面效应。

表 6-12　　　　人力资本要素对"营改增"政策影响企业投资行为的调节作用

VARIABLES	(1) PPE	(2) NPPE	(3) FAINV1	(4) FAINV2
$DUMMY_{p,i,y}$	− 0. 4050 *** (− 4. 70)	− 0. 3848 *** (− 4. 38)	− 0. 4299 *** (− 2. 82)	− 0. 6193 *** (− 6. 31)
$DUMMY \times INPUTBASE$	1. 0339 ** (2. 55)	1. 0572 ** (2. 56)	1. 6337 ** (2. 26)	0. 9960 * (1. 89)
INPUTBASE	1. 0477 *** (5. 19)	1. 0127 *** (4. 91)	0. 3684 (1. 33)	1. 9284 *** (7. 56)
VAT_S	0. 7239 *** (3. 87)	0. 8011 *** (4. 15)	1. 2538 *** (3. 84)	− 0. 8356 *** (− 3. 44)
BT_S	− 10. 8682 *** (− 9. 72)	− 10. 7564 *** (− 9. 66)	− 5. 5150 *** (− 4. 45)	− 13. 5744 *** (− 10. 86)
CIT_S	− 2. 0563 *** (− 2. 76)	− 1. 8767 ** (− 2. 46)	− 1. 0220 (− 0. 93)	− 7. 0403 *** (− 8. 35)
SIZE	1. 1399 *** (67. 16)	1. 1473 *** (65. 98)	1. 0348 *** (44. 27)	1. 1928 *** (61. 84)
AGE	− 0. 0255 *** (− 7. 33)	− 0. 0292 *** (− 8. 19)	− 0. 0283 *** (− 6. 53)	− 0. 0244 *** (− 6. 43)
LEV	− 0. 3971 *** (− 4. 20)	− 0. 4162 *** (− 4. 29)	0. 2086 * (1. 67)	− 0. 2085 * (− 1. 95)
OPR	0. 2319 ** (2. 40)	0. 2829 *** (2. 82)	− 0. 2236 (− 1. 39)	0. 2293 ** (1. 97)
ROA	2. 1904 *** (7. 16)	2. 2435 *** (7. 24)	2. 5976 *** (5. 45)	1. 6811 *** (4. 98)
CASH	0. 5357 *** (4. 86)	0. 6208 *** (5. 46)	− 0. 1487 (− 0. 92)	− 0. 5500 *** (− 4. 61)

续表

VARIABLES	(1) PPE	(2) NPPE	(3) FAINV1	(4) FAINV2
FINCOST	0.0395 *** (3.03)	0.0393 *** (2.94)	0.0482 ** (2.35)	0.0167 (1.27)
OCCUPY	−2.8864 *** (−11.74)	−3.1571 *** (−12.69)	−1.4018 *** (−3.57)	−2.7151 *** (−8.56)
BM	−0.0367 * (−1.70)	−0.0381 * (−1.72)	−0.0301 (−1.16)	−0.0121 (−0.55)
Observations	27 459	27 459	18 972	20 895
Province FE	YES	YES	YES	YES
Industry FE	YES	YES	YES	YES
Year FE	YES	YES	YES	YES
Cluster	YES	YES	YES	YES
r2_a	0.625	0.609	0.330	0.616

注：括号中报告的是 t 值，*、**、*** 分别表示在 10%、5%、1% 的统计水平下显著。

（二）税负转嫁能力

税负转嫁能力通常通过供应商和客户的约束程度来体现。本章参考方红星和张勇（2016）对供应商和客户的关系型交易的衡量，采用前五名供应商和前五名客户比例之和的均值（$Scii$）来衡量该企业对上下游抵扣链的制约程度。表 6-13 汇报了税负转嫁能力对"营改增"政策效应的影响，交乘项 $DUMMY_{a,i,y} \times TOP5PS$ 的系数即反映了这一因素的影响。第（1）～第（2）栏交乘项系数在 5% 水平显著为负，这说明即使"营改增"政策未整体促进企业投资，但客户和供应商集中度较高，却使得"营改增"政策效应对投资存在显著的负向抑制作用。而对存在抑制作用的两个具体新增投资类别而言，这一因素强化了对生产经营设备投资的抑制作用，因为第（4）栏交乘项系数在 10% 水平显著为负。

表 6 - 13 税负转嫁能力对"营改增"政策影响企业投资行为的调节作用

VARIABLES	(1) PPE	(2) NPPE	(3) FAINV1	(4) FAINV2
$DUMMY_{p,i,y}$	0. 1028 (0. 76)	0. 1464 (1. 05)	- 0. 4909 ** (- 2. 45)	- 0. 2505 * (- 1. 80)
$DUMMY_{p,i,y} \times top5ps$	- 0. 0044 ** (- 2. 13)	- 0. 0046 ** (- 2. 16)	0. 0046 (1. 48)	- 0. 0036 * (- 1. 76)
TOP5PS	- 0. 0017 *** (- 3. 51)	- 0. 0015 *** (- 2. 90)	- 0. 0047 *** (- 6. 97)	- 0. 0018 *** (- 3. 21)
BT_S	- 11. 1523 *** (- 7. 86)	- 11. 1767 *** (- 7. 84)	- 7. 2215 *** (- 4. 41)	- 14. 2476 *** (- 9. 53)
CIT_S	- 0. 1246 (- 0. 13)	0. 1317 (0. 13)	2. 0312 (1. 57)	- 3. 2942 *** (- 3. 36)
SIZE	1. 0886 *** (55. 13)	1. 0977 *** (53. 64)	0. 9773 *** (36. 78)	1. 1187 *** (53. 18)
AGE	- 0. 0219 *** (- 5. 67)	- 0. 0252 *** (- 6. 30)	- 0. 0308 *** (- 6. 67)	- 0. 0204 *** (- 5. 15)
LEV	- 0. 4047 *** (- 3. 49)	- 0. 4278 *** (- 3. 50)	0. 0715 (0. 48)	- 0. 1786 (- 1. 47)
OPR	0. 1506 (1. 04)	0. 2384 (1. 56)	- 0. 0875 (- 0. 41)	- 0. 0259 (- 0. 19)
ROA	1. 7238 *** (4. 04)	1. 6913 *** (3. 91)	1. 7742 *** (3. 02)	1. 2663 *** (3. 09)
CASH	0. 4033 *** (2. 99)	0. 4734 *** (3. 34)	- 0. 2792 (- 1. 52)	- 0. 6382 *** (- 4. 56)
FINCOST	0. 0306 ** (2. 03)	0. 0305 ** (1. 97)	0. 0532 ** (2. 23)	0. 0125 (0. 86)
OCCUPY	- 3. 2341 *** (- 9. 57)	- 3. 5483 *** (- 10. 30)	- 1. 6243 *** (- 3. 37)	- 3. 2383 *** (- 8. 62)

续表

VARIABLES	(1) PPE	(2) NPPE	(3) FAINV1	(4) FAINV2
BM	− 0. 0643 *** （− 2. 59）	− 0. 0686 *** （− 2. 68）	0. 0180 （0. 58）	− 0. 0118 （− 0. 48）
Observations	13 180	13 180	11 169	12 207
Province FE	YES	YES	YES	YES
Industry FE	YES	YES	YES	YES
Year FE	YES	YES	YES	YES
Cluster	YES	YES	YES	YES
r2_a	0. 608	0. 590	0. 315	0. 585

注：括号中报告的是 t 值，* 、** 、*** 分别表示在 10%、5%、1% 的统计水平下显著。

五、稳健性检验：分位数回归

（一）分位数回归

本章关注的主要被解释变量是投资，然而样本企业被解释变量离差非常大，如此大的差异和分布的厚尾意味着分析政策冲击对投资平均值的影响可能由于方差过大而不显著。因此，我们参考贝克等（2010）的研究，使用分位数回归进行分析，衡量了样本不同分位数上的影响程度，同时对极端值的敏感度要低于均值回归。具体而言，本章采用了双重差分法的分位数回归，以便比较处理组与对照组在政策冲击前后的差异。

我们首先将"营改增"政策对企业投资的影响进行分位数回归检验。具体来说，我们计算第 i 个百分位数投资的对数 $Y(I)$，并在 5%、10%、15%、…、90% 和 95% 分位数进行了 19 次回归。图 6-2 描绘了这 19 次回归中每一个分位数回归的 T 值。可以发现，在 5% 直至 85% 分位数回归上，"营改增"政策均抑制了服务业企业新增固定资产投资，说明本章的结论具有稳健性。

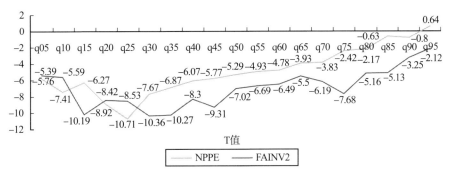

图 6-2　"营改增"与企业投资在 19 个分位数的回归 **T** 值

（二）"营改增"的动态效果

另外，我们还检验了"营改增"政策冲击年份的估计数。其中，我们设定"营改增"当年等于 0，在"营改增"之前的第 j 年，pre_j 等于 -1，而"营改增"后的第 j 年，$post\_j$ 等于 1。$Industry$ 和 $Year$ 分别是行业和年度虚拟变量。图 6-3 绘制了"营改增"政策对企业投资冲击年份的回归结果图，结果发现受到"营改增"政策冲击的企业从前一年开始至 2016 年，新增固定资产投资均受到抑制。

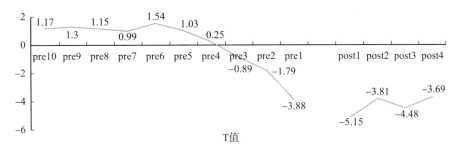

图 6-3　"营改增"政策效应的动态效果

第七节　本章小结

本章以 2003—2016 年中国 A 股上市公司为研究对象，探讨"营改增"

是否以及如何影响企业投资。本章研究发现，在基本的 OLS 回归中新增非生产经营用投资与增值税有效税负正相关，但新增生产经营固定资产投资与增值税有效税负负相关。随后为克服内生性问题，更准确识别因果关系，本章主要采用双重差分法研究发现处理组即原营业税行业"营改增"后新增固定资产投资显著下降，在对样本的 19 个分位数采用分位数回归的双重差分法后，发现从 5% 分位数至 85% 分位数结果仍然是显著负相关。通过对"营改增"政策的动态效果进行考察，发现受到政策冲击的企业从前 1 年开始已经受到了抑制，直至 2016 年，这说明这种负向效果存在向前的溢出效应。

本章进一步探讨"营改增"的政策效应为何未能传导至服务业企业？第一，如本书第三章对增值税税负的研究发现，"营改增"后服务业税负总体没有显著上升，但人力资本密集型服务业企业，增值税税负显著上升，从而导致这部分企业的投资受到抑制。第二，增值税是一种间接税，税负具有可转嫁性，并且税负转嫁能力会显著影响到"营改增"政策效应（乔睿蕾和陈良华，2017），那么，对税负转嫁能力有限或可抵扣进项税较为充足的企业而言，"营改增"政策的"间接"刺激作用能否对企业投资发挥"直接"的效果？本章进一步研究发现，服务业通常对人力资本要素依赖程度较高，在现行税制框架下由于人力资本成本不可抵扣，"营改增"后其可抵扣空间较小、从而导致计税基础可能上升。而税负转嫁能力较弱的企业较难以获得"营改增"的政策红利，税负并未下降甚至不降反升，因此没有足够的动力增加企业投资。

本章的研究对认识"营改增"与投资的关系起到了十分有益的作用，提供了新的研究视角和经验证据，同时为政策制定者对增值税改革深化的微观经济后果提供一定参考。

第七章　结论、不足与展望

第一节　结　　论

本书分别对增值税税负变化、增值税遵从的治理效应、2004—2009 年增值税转型和 2012—2016 年"营改增"两次改革与企业投资的关系进行了探讨。本章首先梳理全文的检验和发现，具体如图 7-1 所示。

基于对全书检验和发现的梳理，结论如下。

第一，增值税作为一种抵扣设计的间接税，除既定的税率外，在微观层面企业所能获取的可抵扣项和税负转嫁能力是两个主要影响因素。可抵扣范围设计是税制设计层面所决定的、具有普遍性的影响因素。而税负转嫁能力体现在对客户和对供应商两个方向，企业对客户的税负转嫁能力较弱，而通常向供应商转嫁增值税。本书还认为"营改增"后，人力资本支出无法抵扣增值税成为影响服务业企业增值税的重要原因。

第二，嵌入增值税遵从链条越深，应计盈余管理和真实盈余管理的操纵行为受抑制程度越大。增值税遵从的独特作用机理在于进项税抵扣设计激励企业向供应商索取发票而形成约束，因而增值税遵从的治理效应沿客户—供应商关系传递。并且抵扣链条的完整性影响增值税遵从的约束效力。

第三，增值税从生产型向消费型转变的实质是将可抵扣范围扩大至生产经营类固定资产，而未对税率做出调整。对制造业企业而言，购买投资品的计税基础较之前下降，进而降低了投资成本，刺激了企业投资。因此这次改革的传导路径主要是通过扩大可抵扣空间降低计税基础，增值税转型的受益对象主要是制造业企业。

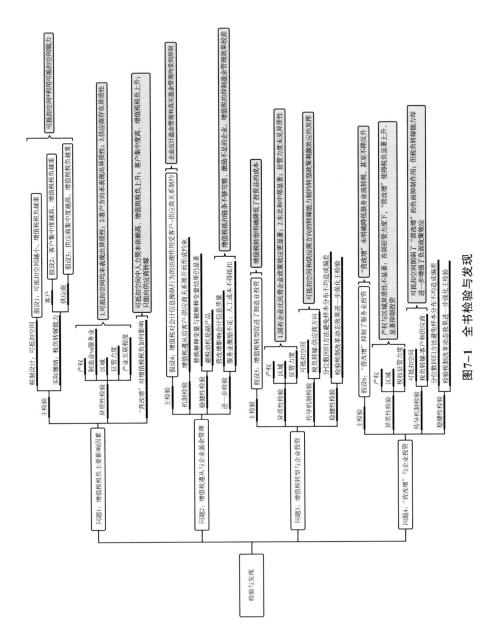

图7-1 全书检验与发现

第四，"营改增"期间服务业企业新增投资受到了抑制，而宏观上"营改增"税制变化对企业微观层面的传导路径在于可抵扣空间和税负转嫁能力两方面。在现行税制框架下，税制设计对可抵扣范围的规定是企业投资行为普遍的、一致的影响因素，其中人力资本投入占比较高的服务业企业由于税负上升，投资受到抑制。而税负转嫁能力较弱的企业由于无法获得"营改增"政策红利，税负不降反升，从而没有足够的动力增加企业投资。因此这次改革期间，服务业企业由于可抵扣空间的限制未充分受益。但本书也强调，"营改增"的政策效应应该是长期的，受限于本书所取得的数据和样本，"营改增"政策的长期效应仍有待研究。

本书还通过对两次增值税改革的检验进行比较提出如下政策建议。本书认为两次改革对企业微观层面投资的政策效应存在差异，核心在于激励的"直接性"和"明确性"。首先，增值税是一种"间接税"，在其销项减进项的税制设计中，税率和可抵扣项范围是两个直接的影响增值税负的因素。2004—2009 年增值税转型的过程明确地扩大了可抵扣项范围，这一政策刺激是直接的。而 2012—2016 年"营改增"，是更加复杂的税种之间的调整，税率、计税基础、可抵扣项同时发生了改变，这就使"营改增"究竟如何影响税负存在广泛的争议，对服务业企业主体而言，同样很难判断流转税负如何变化。因此，"营改增"的政策效应并不直接。其次，税制变化的影响方向是否明确？增值税转型明确降低投资品采购的进项税成本，减少对投资行为的现金流分配是明确的。但"营改增"肩负了更加复杂政策目标，包括调整产业结构、延长制造业抵扣链条等。对制造业而言，这一政策是明确的，并确切地将制造业行业采购服务纳入可抵扣范围。然而对服务业企业而言，这一政策并不确定，事实上，还可能是以服务业行业税负上升为代价，延长了制造业的进项税链条。当然，受限于本书的数据只截止到 2016 年，"营改增"的长期政策效应还未充分体现。

第二节　不　足

本书的研究还存在不足。

第一，在增值税的度量上，由于企业并不披露增值税税负的相关数据，关键解释变量增值税的获取方式是间接的。本书采取的方式是通过缴纳增值税与应交税费科目间的勾稽关系间接计税，这一基本思路与许伟和陈斌开（2016）相近，为避免高估，本书还更细致地扣除了损益表中其他"税"、"费"的发生额，这使本书对增值税有效税负的测量可能偏低，但比较既有研究，在有可能低估增值税的情形下本书的结论更加稳健。

第二，增值税与企业财务行为之间的关系，通常面临内生性问题。为此，本书利用增值税改革的背景，采取双重差分法研究受改革冲击的企业组。但值得进一步考虑的是，外生政策是否完全外生。例如，2004—2009年增值税转型期间也存在固定资产折旧加计扣除的所得税优惠政策，尽管本书在研究中将企业所得税有效税负也作为控制变量，但不可否认的是政策的外生性有待于进一步探讨。

第三，在对2012—2016年"营改增"的研究中，由于数据的可得性，本书研究的期间至2016年。尽管研究发现在"营改增"过程中，未发现减税效应传导至服务业企业，但本书认为这一改革是全局性地对税种进行调整，因而长期效应还有待于进一步探讨。

第三节　展　　望

总体来看，本书的研究为理解增值税与投资之谜提供了有益的视角，也为正在深化的增值税改革提供了参考。该领域的研究有以下几个方面值得深入探讨。

第一，在税收与投资关系的研究中，借助税制改革的自然实验成为当前的一个研究趋势。随之而来的一个问题是，税制改革是否完全外生？本书对研究样本进行了详细实证检验，也考虑了企业所得税优惠政策的影响，控制了企业所得税实际税负，然而这一问题仍值得进一步探讨。

第二，增值税与其他税种的交互影响。长期以来学者们对企业所得税关注较多，随着"营改增"的完成增值税这一间接税的重要性更加凸显，它如何与第二大税种企业所得税产生交互影响也值得进一步研究。

第三，本书的研究通过对增值税转型和"营改增"两次改革的检验比较发现，"营改增"与增值税转型相比其政策效应更加混合，因缺乏清晰明确的刺激方向使得"营改增"对投资的刺激作用不显著。

第四，由于数据的限制，"营改增"的长期效应还有待进一步挖掘。

附　　录

1. 1994 年以来全行业增值税和营业税税率变动

本书首次对 1994 年分税制改革增值税全面推行以来，至 2018 年 5 月期间，全行业增值税或营业税率的变化进行了详细梳理。值得注意的是，本书选取的行业分类依据是证监会 2012 年最新的行业分类标准，该行业分类虽不能完全与增值税和营业税征管实践中的分类标准一致，但偏差极小。根据本书的整理，历次增值税税率变化的时间和具体变化如下。

（1）2009 年 1 月 1 日税率变动

依据财税〔2008〕171 号《关于金属矿非金属矿采选产品增值税税率的通知》，金属矿采选产品、非金属矿采选产品增值税税率由 13% 恢复到 17%，食用盐仍适用 13% 的增值税税率

（2）2012 年 1 月 1 日税率变动

依据财税〔2011〕111 号《关于在上海市开展交通运输业和部分现代服务业营业税改征增值税试点的通知》，（一）提供有形动产租赁服务，税率为 17%。（二）提供交通运输业服务，税率为 11%。（三）提供现代服务业服务（有形动产租赁服务除外），税率为 6%。研发和技术服务、信息技术服务、文化创意服务、物流辅助服务、有形动产租赁服务、鉴证咨询服务（四）财政部和国家税务总局规定的应税服务，税率为零。

（3）2012 年 8 月 1 日税率变动

依据财税〔2012〕71 号《关于在北京等 8 省市开展交通运输业和部分现代服务业营业税改征增值税试点的通知》，一、试点地区。北京市、天

津市、江苏省、安徽省、浙江省（含宁波市）、福建省（含厦门市）、湖北省、广东省（含深圳市）。二、试点日期。北京市应当于 2012 年 9 月 1 日完成新旧税制转换。江苏省、安徽省应当于 2012 年 10 月 1 日完成新旧税制转换。福建省、广东省应当于 2012 年 11 月 1 日完成新旧税制转换。天津市、浙江省、湖北省应当于 2012 年 12 月 1 日完成新旧税制转换。

（4）2013 年 8 月 1 日

依据财税〔2013〕37 号《关于在全国开展交通运输业和部分现代服务业营业税改征增值税试点税收政策的通知》，自 2013 年 8 月 1 日起，在全国范围内开展交通运输业和部分现代服务业"营改增"试点。部分现代服务业增加了广播影视服务。

（5）2014 年 1 月 1 日

依据财税〔2013〕106 号《关于将铁路运输和邮政业纳入营业税改征增值税试点的通知》，（一）纳税人发生应税行为，除本条第（二）项、第（三）项、第（四）项规定外，税率为 6%。（二）提供交通运输、邮政、基础电信、建筑、不动产租赁服务，销售不动产，转让土地使用权，税率为 11%。（三）提供有形动产租赁服务，税率为 17%。（四）境内单位和个人发生的跨境应税行为，税率为零。具体范围由财政部和国家税务总局另行规定。

（6）2014 年 6 月 1 日

依据财税〔2014〕43 号《关于将电信业纳入营业税改征增值税试点的通知》，提供基础电信服务，税率为 11%。提供增值电信服务，税率为 6%。

（7）2016 年 5 月 1 日

依据财税〔2016〕36 号《关于全面推开营业税改征增值税试点的通知》，自 2016 年 5 月 1 日起，在全国范围内全面推开营业税改征增值税（以下称"营改增"）试点，建筑业、房地产业、金融业、生活服务业等全部纳入试点范围。第十五条增值税税率：（一）纳税人发生应税行为，除本条第（二）项、第（三）项、第（四）项规定外，税率为 6%。（二）提供交通运输、邮政、基础电信、建筑、不动产租赁服务，销售不动产，转让土地使用权，税率为 11%。（三）提供有形动产租赁服务，税率为 17%。（四）境内单位和个人发生的跨境应税行为，税率为零。具体范围由财政部和国家税务总局另行规定。

（8）2017 年 7 月 1 日

依据财税〔2017〕37 号，自 2017 年 7 月 1 日起，简并增值税税率结构，取消 13% 的增值税税率

（9）2018 年 5 月 1 日

依据财税〔2018〕32 号，关于调整增值税税率的通知，一、纳税人发生增值税应税销售行为或者进口货物，原适用 17% 和 11% 税率的，税率分别调整为 16%、10%。二、纳税人购进农产品，原适用 11% 扣除率的，扣除率调整为 10%。三、纳税人购进用于生产销售或委托加工 16% 税率货物的农产品，按照 12% 的扣除率计算进项税额。四、原适用 17% 税率且出口退税率为 17% 的出口货物，出口退税率调整至 16%。原适用 11% 税率且出口退税率为 11% 的出口货物、跨境应税行为，出口退税率调整至 10%。

具体税率变化过程如附表 1 所示。

附表 1　　　　　　　1994 年以来增值税及营业税税率变化　　　　单位：%

代码	证监会行业分类描述	1994.1	2009.1	2012.1	2012.8	2013.8	2014.1	2014.6	2016.5	2017.7	2018.5
A01	农业	13	13	13	13	13	13	13	13	11	10
A02	林业	13	13	13	13	13	13	13	13	11	10
A03	畜牧业	13	13	13	13	13	13	13	13	11	10
A04	渔业	13	13	13	13	13	13	13	13	11	10
A05	农、林、牧、渔服务业	13	13	13	13	13	13	13	13	11	10
B06	煤炭开采和洗选业	13	17	17	17	17	17	17	17	17	16
B07	石油和天然气开采业	17	17	17	17	17	17	17	17	17	16
B08	黑色金属矿采选业	13	17	17	17	17	17	17	17	17	16
B09	有色金属矿采选业	13	17	17	17	17	17	17	17	17	16
B10	非金属矿采选业	13	17	17	17	17	17	17	17	17	16
B11	开采辅助活动	17	17	17	17	17	17	17	17	17	16
B12	其他采矿业	17	17	17	17	17	17	17	17	17	16
C13	农副食品加工业	13	13	13	13	13	13	13	13	11	10

代码	证监会行业分类描述	1994.1	2009.1	2012.1	2012.8	2013.8	2014.1	2014.6	2016.5	2017.7	2018.5
C14	食品制造业	17	17	17	17	17	17	17	17	17	16
C15	酒、饮料和精制茶制造业	17	17	17	17	17	17	17	17	17	16
C16	烟草制品业	17	17	17	17	17	17	17	17	17	16
C17	纺织业	17	17	17	17	17	17	17	17	17	16
C18	纺织服装、服饰业	17	17	17	17	17	17	17	17	17	16
C19	皮革、毛皮、羽毛及其制品和制鞋业	17	17	17	17	17	17	17	17	17	16
C20	木材加工和木、竹、藤、棕、草制品业	17	17	17	17	17	17	17	17	17	16
C21	家具制造业	17	17	17	17	17	17	17	17	17	16
C22	造纸和纸制品业	17	17	17	17	17	17	17	17	17	16
C23	印刷和记录媒介复制业	17	17	17	17	17	17	17	17	17	16
C24	文教、工美、体育和娱乐用品制造业	17	17	17	17	17	17	17	17	17	16
C25	石油加工、炼焦和核燃料加工业	17	17	17	17	17	17	17	17	17	16
C26	化学原料和化学制品制造业	17	17	17	17	17	17	17	17	17	16
C27	医药制造业	17	17	17	17	17	17	17	17	17	16
C28	化学纤维制造业	17	17	17	17	17	17	17	17	17	16
C29	橡胶和塑料制品业	17	17	17	17	17	17	17	17	17	16
C30	非金属矿物制品业	17	17	17	17	17	17	17	17	17	16
C31	黑色金属冶炼和压延加工业	17	17	17	17	17	17	17	17	17	16
C32	有色金属冶炼和压延加工业	17	17	17	17	17	17	17	17	17	16
C33	金属制品业	17	17	17	17	17	17	17	17	17	16
C34	通用设备制造业	17	17	17	17	17	17	17	17	17	16

续表

代码	证监会行业分类描述	1994.1	2009.1	2012.1	2012.8	2013.8	2014.1	2014.6	2016.5	2017.7	2018.5
C35	专用设备制造业	17	17	17	17	17	17	17	17	17	16
C36	汽车制造业	17	17	17	17	17	17	17	17	17	16
C37	铁路、船舶、航空航天和其他运输设备制造业	17	17	17	17	17	17	17	17	17	16
C38	电气机械和器材制造业	17	17	17	17	17	17	17	17	17	16
C39	计算机、通信和其他电子设备制造业	17	17	17	17	17	17	17	17	17	16
C40	仪器仪表制造业	17	17	17	17	17	17	17	17	17	16
C41	其他制造业	17	17	17	17	17	17	17	17	17	16
C42	废弃资源综合利用业	17	17	17	17	17	17	17	17	17	16
C43	金属制品、机械和设备修理业	17	17	17	17	17	17	17	17	17	16
D44	电力、热力生产和供应业	17	17	17	17	17	17	17	17	17	16
D45	燃气生产和供应业	17	17	17	17	17	17	17	17	17	16
D46	水的生产和供应业	17	17	17	17	17	17	17	17	17	16
F51	批发业	17	17	17	17	17	17	17	17	17	16
F52	零售业	17	17	17	17	17	17	17	17	17	16
R85	新闻和出版业	13	13	11	11	11	11	11	11	11	10
E47	房屋建筑业	3	3	3	3	3	3	3	11	11	10
E48	土木工程建筑业	3	3	3	3	3	3	3	11	11	10
E49	建筑安装业	3	3	3	3	3	3	3	11	11	10
E50	建筑装饰和其他建筑业	3	3	3	3	3	3	3	11	11	10
G53	铁路运输业	3	3	3	3	3	11	11	11	11	10
G54	道路运输业	3	3	11	11	11	11	11	11	11	10
G55	水上运输业	3	3	11	11	11	11	11	11	11	10
G56	航空运输业	3	3	11	11	11	11	11	11	11	10
G57	管道运输业	3	3	11	11	11	11	11	11	11	10

续表

代码	证监会行业分类描述	1994.1	2009.1	2012.1	2012.8	2013.8	2014.1	2014.6	2016.5	2017.7	2018.5
G58	装卸搬运和运输代理业	5	5	6	6	6	6	6	6	6	6
G59	仓储业	5	5	6	6	6	6	6	6	6	6
G60	邮政业	3	3	3	3	3	11	11	11	11	10
I63	电信、广播电视和卫星传输服务	5	5	5	5	5	5	11	11	11	10
I64	互联网和相关服务	5	5	5	5	5	5	6	6	6	6
I65	软件和信息技术服务业	5	5	6	6	6	17	17	17	17	16
H61	住宿业	5	5	5	5	5	5	5	6	6	6
H62	餐饮业	5	5	5	5	5	5	5	6	6	6
J66	货币金融服务	5	5	5	5	5	5	5	6	6	6
J67	资本市场服务	5	5	5	5	5	5	5	6	6	6
J68	保险业	5	5	5	5	5	5	5	6	6	6
J69	其他金融业	5	5	5	5	5	5	5	6	6	6
K70	房地产业	5	5	5	5	5	5	5	11	11	10
L71	租赁业	5	5	17	17	17	17	17	17	17	16
L72	商务服务业	5	5	5	5	5	5	5	6	6	6
M73	研究和试验发展	5	5	6	6	6	6	6	6	6	6
M74	专业技术服务业	5	5	6	6	6	6	6	6	6	6
M75	科技推广和应用服务业	5	5	5	5	5	5	5	6	6	6
N76	水利管理业	5	5	5	5	5	5	5	6	6	6
N77	生态保护和环境治理业	5	5	5	5	5	5	5	6	6	6
N78	公共设施管理业	5	5	5	5	5	5	5	6	6	6
O79	居民服务业	5	5	5	5	5	5	5	6	6	6
O80	机动车、电子产品和日用产品修理业	5	5	5	5	5	5	5	6	6	6
O81	其他服务业	5	5	5	5	5	5	5	6	6	6
P82	教育	5	5	5	5	5	5	5	6	6	6

代码	证监会行业 分类描述	1994.1	2009.1	2012.1	2012.8	2013.8	2014.1	2014.6	2016.5	2017.7	2018.5
Q83	卫生	5	5	5	5	5	5	5	6	6	6
Q84	社会工作	5	5	5	5	5	5	5	6	6	6
R86	广播、电视、电影和影视录音制作业	5	5	5	5	6	6	6	6	6	6
R87	文化艺术业	3	3	3	3	3	3	3	6	6	6
R88	体育	3	3	3	3	3	3	3	6	6	6
R89	娱乐业	5~20	5~20	5~20	5~20	5~20	5~20	5~20	6	6	6
S90	综合	5	5	5	5	5	5	5	6	6	6

资料来源：作者根据中华人民共和国财政部所发表的历次增值税及营业税文件整理。

2. 2004—2009 年增值税转型历程梳理

中国的增值税转型从 2004 年开始，持续至 2009 年。2004 年 7 月，在东北地区实行增值税转型试点，在特地行业保持增值税税率不变，允许购入的机器设备所含进项税金予以抵扣。具体过程是，国务院下发了财税〔2004〕156 号《东北地区扩大增值税抵扣范围若干问题的规定》、财税〔2004〕168 号《2004 年东北地区扩大增值税抵扣范围暂行办法》，黑龙江省、吉林省、辽宁省和大连市从事装备制造业、石油化工业、冶金业、船舶制造业、汽车制造业、农产品加工业产品生产等 6 个行业为主的增值税一般纳税人允许抵扣生产经营型设备。

2007 年 7 月，国务院下发了财税〔2007〕75 号关于印发《中部地区扩大增值税抵扣范围暂行办法》，将试点范围扩大到了中部六省的 26 个老工业基地装备制造业、石油化工业、冶金业、船舶制造业、汽车制造业、农产品加工业产品生产、电力业、采掘业等 8 个行业。

2008 年 7 月，国务院下发了财税〔2008〕94 号《内蒙古东部地区扩大增值税抵扣范围暂行办法》进一步扩大至内蒙古 5 个市的装备制造业、石油化工业、冶金业、农产品加工业、船舶制造业、汽车制造业、军工业。随后，财税〔2008〕108 号关于印发《汶川地震受灾严重地区扩大增值税抵扣范围暂行办法》将汶川受灾地区除电解铝、烟草加工等行业之外的其他制造业纳入抵扣范围。

党的十六届三中全会通过的《中共中央关于完善社会主义经济体制若干问题的决定》正式提出我国的增值税由生产型改为消费型。并从 2009 年 1 月 1 日起，我国全面实行消费型增值税。增值税转型客观上降低了企业投资的成本，有利于企业购入机器设备和技术更新改造，但企业投资还受存量资金规模等多方面因素影响。具体时间、区域和行业推行增值税转型的过程如附表 2 所示。

附表 2 　　　　　　　　　　　2004—2009 年增值税转型过程

增值税转型时间	区域	行业	官方文件
2004.7.1	黑龙江省、吉林省、辽宁省和大连市	装备制造业（35，36，39，40，41，42）、石油化工业（25，26，27，28，29，30）、冶金业（32，33）、船舶制造业（375）、汽车制造业（371，372，376，379）、农产品加工业（13，14，15，17，18，19，20，21，22），以及挑选的 249 家企业	财税〔2004〕156 号《东北地区扩大增值税抵扣范围若干问题的规定》财税〔2004〕168 号《2004 年东北地区扩大增值税抵扣范围暂行办法》
2007.7.1	中部六省的 26 个城市：山西省（太原、大同、阳泉和长治）；安徽省（合肥、马鞍山、蚌埠、芜湖、淮南）；江西省（南昌、萍乡、景德镇、九江）；河南省（郑州、洛阳、焦作、平顶山、开封）；湖北省（武汉、黄石、襄樊、十堰）；湖南省（长沙、株洲、湘潭、衡阳）	装备制造业（35，36，39，40，41，42）、石油化工业（25，26，27，28，29，30）、冶金业（32，33）、船舶制造业（375）、汽车制造业（371，372，376，379）、农产品加工业（13，14，15，17，18，19，20，21，22）、电力业（441，442）、采掘业（6，8，9，10，11）；高新技术（253，2665，271，272，274，276，368，3761，3762，3769，401，402，403，4041，4042，4043，405，406，407，409，411，412，4141，4154，4155，419，6211，6212）	财税〔2007〕75 号关于印发《中部地区扩大增值税抵扣范围暂行办法》

增值税转型时间	区域	行业	官方文件
2008.7.1	1. 内蒙古：呼伦贝尔市、兴安、通辽、赤峰、锡林格勒； 2. 汶川地震受灾地区	1. 内蒙古 5 市：装备制造业（35，36，39，40，41，42）、石油化工业（25，26，27，28，29，30）、冶金业（32，33）、农产品加工业（13，14，15，17，18，19，20，21，22）、船舶制造业（375）、汽车制造业（371，372，376，379）、军工（2664，3751，4141）；高新行业（253，2665，271，272，274，276，368，3761，3762，3769，401，402，403，4041，4042，4043，405，406，407，409，411，412，4141，4154，4155，419，6211，6212） 2. 汶川受灾地区：全部制造业（6–46），除烟草加工（2520）、电解铝生产（3316）	财税〔2008〕94 号《内蒙古东部地区扩大增值税抵扣范围暂行办法》 财税〔2008〕108 号财政部、国家税务总局关于印发《汶川地震受灾严重地区扩大增值税抵扣范围暂行办法》
2009.1.1	全国范围	全行业	财税〔2008〕170 号财政部、国家税务总局关于全国实施增值税转型改革若干问题的通知

注：

1. 本书对 2004 年东北地区单独挑选的 249 家可以抵扣生产经营高科技企业进行了一一梳理，无上市公司。

2. 本书对 2008 年 7 月汶川地震受灾地区范围进行了梳理，包括：

（1）四川省（29 个）：理县、江油市、广元市利州区、广元市朝天区、旺苍县、梓潼县、绵阳市游仙区、德阳市旌阳区、小金县、绵阳市涪城区、罗江县、黑水县、崇州市、剑阁县、三台县、阆中市、盐亭县、松潘县、苍溪县、芦山县、中江县、广元市元坝区、大邑县、宝兴县、南江县、广汉市、汉源县、石棉县、九寨沟县；

（2）甘肃省（8 个）：文县、陇南市武都区、康县、成县、徽县、西和县、两当县、舟曲县；

（3）陕西省（4 个）：宁强县、略阳县、勉县、宝鸡市陈仓区。

资料来源：作者根据中华人民共和国财政部网站整理。

3. 2012—2016 年营业税改增值税过程梳理

中国的"营改增"从 2012 年 1 月开始，持续至 2016 年 5 月，经历了从上海试点实施，并分地区、分行业逐步推广至全国，并完成全行业改革

的过程。具体而言，2012 年 1 月 1 日，依照国务院发布的财税〔2011〕
111 号《关于在上海市开展交通运输业和部分现代服务业营业税改征增值
税试点的通知》在上海市的交通运输业（包括陆路、水路、航空、管道运
输）和六个现代服务业（包括研发和技术、信息技术、文化创意、物流辅
助、有形动产租赁、鉴证咨询服务）开始试点（以下简称"1＋6"行业），
从营业税改为适用增值税。

　　2012 年 8 月 1 日，依照财税〔2012〕71 号《关于在北京等 8 省市开
展交通运输业和部分现代服务业营业税改征增值税试点的通知》，试点的
"1＋6"行业由上海市扩展至北京、天津、江苏、安徽、浙江、福建、湖
北、广东八个省市。

　　2013 年 8 月 1 日，依照财税〔2013〕37 号《关于在全国开展交通运
输业和部分现代服务业营业税改征增值税试点税收政策的通知》，"1＋6"
行业扩展至全国。

　　2014 年 1 月 1 日，依照财税〔2013〕106 号《关于将铁路运输和邮政
业纳入营业税改征增值税试点的通知》，铁路运输和邮政业纳入试点行业，
在全国范围内一次同步实施。

　　2014 年 6 月 1 日起，依照财税〔2014〕43 号《关于将电信业纳入营业
税改征增值税试点的通知》，将电信业纳入全国营业税改征增值税试点范围。

　　2016 年 5 月 1 日起，依照财税〔2016〕36 号《关于全面推开营业税
改征增值税试点的通知》，建筑业、房地产业、金融业和生活服务业四个
最后的营业税行业也开始实行增值税。

　　具体过程如附表 3 所示。

附表 3　　　　　　　　　　2012—2016 年"营改增"过程

"营改增"时间	区域	行业	官方文件
2012. 1. 1	上海市	交通运输业（包括陆路、水路、航空、管道运输）和 6 个现代服务业（包括研发和技术、信息技术、文化创意、物流辅助、有形动产租赁、鉴证咨询服务）	财税〔2011〕111 号《关于在上海市开展交通运输业和部分现代服务业营业税改征增值税试点的通知》

"营改增"时间	区域	行业	官方文件
2012.9.1	北京、天津、江苏、安徽、浙江、福建、湖北、广东八个省市	交通运输业（包括陆路、水路、航空、管道运输）和 6 个现代服务业（包括研发和技术、信息技术、文化创意、物流辅助、有形动产租赁、鉴证咨询服务）	财税〔2012〕71 号《关于在北京等 8 省市开展交通运输业和部分现代服务业营业税改征增值税试点的通知》
2013.8.1	全国范围	交通运输业（包括陆路、水路、航空、管道运输）和 6 个现代服务业（包括研发和技术、信息技术、文化创意、物流辅助、有形动产租赁、鉴证咨询服务）广播影视业	财税〔2013〕37 号《关于在全国开展交通运输业和部分现代服务业营业税改征增值税试点税收政策的通知》
2014.1.1	全国范围	铁路运输和邮政业	财税〔2013〕106 号《关于将铁路运输和邮政业纳入营业税改征增值税试点的通知》
2014.6.1	全国范围	电信业	财税〔2014〕43 号《关于将电信业纳入营业税改征增值税试点的通知》
2016.5.1	全国范围	建筑业、房地产业、金融业和生活服务业	财税〔2016〕36 号《关于全面推开营业税改征增值税试点的通知》

4. 两次增值税改革的动态效果

本书设置的 $post\_i$ 变量衡量企业受到政策冲击后各年受投资的影响，可以发现企业受增值税转型政策冲击后的 3 年内政策效应比较显著，从第 4 年政策效应出现反转，新增投资反而下降（见附表 4、附表 5）。

附表 4   **2004—2009 年增值税转型政策的动态效果**

VARIABLES	(1) PPE	(2) NPPE	(3) FAINV1	(4) FAINV2
post1	0. 0997 ** （2. 08）	0. 1103 ** （2. 18）	0. 1650 ** （1. 99）	0. 0356 （0. 68）
post2	0. 0810 * （1. 67）	0. 0595 （1. 17）	0. 2471 *** （2. 88）	0. 0365 （0. 68）
post3	0. 1483 *** （2. 64）	0. 1478 ** （2. 54）	0. 1690 * （1. 90）	0. 1824 *** （3. 00）
post4	− 0. 1586 * （− 1. 78）	− 0. 1774 * （− 1. 93）	0. 1204 （0. 81）	− 0. 1363 （− 1. 40）
post5	− 0. 0186 （− 0. 21）	− 0. 0358 （− 0. 38）	− 0. 0565 （− 0. 39）	− 0. 0226 （− 0. 23）
BT_S	− 8. 8989 *** （− 7. 19）	− 8. 9441 *** （− 7. 03）	− 4. 1931 *** （− 2. 71）	− 10. 0039 *** （− 8. 92）
CIT_S	− 2. 5051 *** （− 2. 96）	− 2. 3500 *** （− 2. 70）	− 1. 3856 （− 1. 17）	− 6. 0899 *** （− 6. 61）
SIZE	1. 1640 *** （61. 82）	1. 1747 *** （60. 58）	1. 0588 *** （42. 16）	1. 1756 *** （60. 46）
AGE	− 0. 0304 *** （− 6. 83）	− 0. 0358 *** （− 7. 73）	− 0. 0253 *** （− 4. 47）	− 0. 0273 *** （− 5. 89）
LEV	− 0. 4440 *** （− 4. 15）	− 0. 4818 *** （− 4. 34）	0. 4057 *** （2. 75）	− 0. 1781 （− 1. 60）
OPR	0. 3683 *** （3. 52）	0. 4077 *** （3. 72）	− 0. 1527 （− 0. 92）	0. 2574 ** （2. 12）
ROA	1. 6545 *** （5. 41）	1. 6670 *** （5. 31）	2. 4838 *** （4. 93）	1. 5912 *** （4. 71）
CASH	0. 7429 *** （5. 99）	0. 8332 *** （6. 44）	0. 2074 （1. 09）	− 0. 2615 * （− 1. 95）

续表

VARIABLES	(1) PPE	(2) NPPE	(3) FAINV1	(4) FAINV2
FINCOST	0. 0609 *** (2. 72)	0. 0602 *** (2. 63)	0. 0702 * (1. 80)	0. 0534 ** (2. 53)
OCCUPY	−2. 7570 *** (−9. 99)	−2. 9986 *** (−10. 58)	−1. 4666 *** (−3. 73)	−2. 3797 *** (−7. 81)
BM	−0. 0338 (−1. 43)	−0. 0369 (−1. 50)	−0. 0116 (−0. 39)	−0. 0279 (−1. 11)
Observations	14 665	14 665	11 545	12 665
Industry FE	YES	YES	YES	YES
Year FE	YES	YES	YES	YES
r2_a	0. 666	0. 650	0. 353	0. 643

注：括号中报告的是 t 值，＊、＊＊、＊＊＊分别表示在10%、5%、1%的统计水平下显著。

同理，本书发现"营改增"对生产经营设备的政策冲击自政策实施的前1年开始显现，并在"营改增"过程中持续抑制了企业生产设备投资。

附表5　　　　2012—2016年"营改增"的动态效果

VARIABLES	(1) FAINV1	(2) FAINV2
pre10	0. 1542 (0. 95)	0. 2178 ** (2. 17)
pre9	−0. 2481 * (−1. 75)	0. 1152 (1. 30)
pre8	−0. 2307 (−1. 50)	0. 1082 (1. 15)
pre7	−0. 1998 (−1. 35)	0. 0973 (0. 99)

续表

VARIABLES	（1） *FAINV1*	（2） *FAINV2*
*pre*6	− 0. 1231 （ − 0. 70）	0. 1443 （1. 54）
*pre*5	− 0. 1432 （ − 0. 98）	0. 0927 （1. 03）
*pre*4	− 0. 2083 （ − 1. 58）	0. 0217 （0. 25）
*pre*3	− 0. 2250 （ − 1. 62）	− 0. 0752 （ − 0. 89）
*pre*2	− 0. 2169 （ − 1. 38）	− 0. 1482 （ − 1. 59）
*pre*1	− 0. 4783 *** （ − 3. 50）	− 0. 3032 *** （ − 3. 88）
*post*1	− 0. 1505 （ − 0. 95）	− 0. 5235 *** （ − 5. 15）
*post*2	− 0. 5492 *** （ − 2. 73）	− 0. 4547 *** （ − 3. 81）
*post*3	− 0. 0751 （ − 0. 39）	− 0. 5538 *** （ − 4. 48）
*post*4	− 0. 3413 （ − 1. 49）	− 0. 4654 *** （ − 3. 69）
BT_S	− 5. 0421 *** （ − 4. 04）	− 13. 1645 *** （ − 10. 52）
CIT_S	− 1. 8919 * （ − 1. 79）	− 6. 4982 *** （ − 7. 78）
SIZE	1. 0201 *** （44. 72）	1. 1618 *** （61. 63）

续表

VARIABLES	（1） *FAINV1*	（2） *FAINV2*
AGE	− 0. 0280 *** （ − 6. 46）	− 0. 0249 *** （ − 6. 45）
LEV	0. 0988 （0. 79）	− 0. 2978 *** （ − 2. 78）
OPR	− 0. 3423 ** （ − 2. 11）	0. 0540 （0. 47）
ROA	2. 8407 *** （5. 91）	1. 7210 *** （5. 29）
CASH	− 0. 2193 （ − 1. 36）	− 0. 5976 *** （ − 4. 94）
FINCOST	0. 0416 ** （2. 01）	0. 0095 （0. 73）
OCCUPY	− 1. 4693 *** （ − 3. 74）	− 2. 7323 *** （ − 8. 59）
BM	− 0. 0289 （ − 1. 11）	− 0. 0132 （ − 0. 60）
Observations	19 021	20 955
Industry FE	YES	YES
Year FE	YES	YES
r2_a	0. 327	0. 610

注：括号中报告的是 *t* 值，∗ 、∗∗ 、∗∗∗ 分别表示在10% 、5% 、1%的统计水平下显著。

参 考 文 献

［1］Baik B. , Kim K. , Morton R. , Roh Y. Analysts' pre-tax income forecasts and the tax expense Anomaly ［J］. Review of Accounting Research, 2016（21）: 559 – 595.

［2］Baik, B. , Kim, K. , Morton, R. , Roh, Y. Analysts' pre-tax income forecasts and the tax expense Anomaly ［J］. Review of Accounting Research, 2016.

［3］Beck T. , Levine R. , Levkov A. Big Bad Bank? The Winners and Losers from Bank Deregulation in the United States ［J］. Journal of Finance, 2010（05）: 1637 – 1667.

［4］Biddle, G. , and G. Hilary, and R. S. Verdi. How does Financial Reporting Quality Relate to Investments Efficiency? ［J］. Journal of Accounting and Economics, 2009, 48（2 – 3）: 112 – 131.

［5］Biddle, G. , and G. Hilary. Accounting Quality and Firm-level Capital Investment ［J］. The Accounting Review, 2006, 81（05）: 963 – 982.

［6］Bird, Richard M. , and Pierre – Pascal Gendron. The VAT in Developing and Transitional Countries. ［M］. Cambridge, UK: Cambridge University Press, 2007.

［7］Blaylock B. , Shevlin T. , Wilson R. J. , Tax Avoidance, Large Positive Temporary Book – Tax Differences, and Earnings Persistence ［J］. The Accounting Review, 2012, 87（01）: 91 – 120.

［8］Bratten B. , Gleason C. A. , Larocque S. A. , Mills L. F. Forecasting Taxes: New Evidence from Analysts ［J］. The Accounting Review, 2017, 92

（03）：1 - 29.

［9］ Brennan M. Taxes, market valuation and corporate financial policy ［J］. National Tax Journal, 1970 （23）：417 - 427.

［10］ BrianBratten, Cristi A. Gleason, Stephannie A. Larocque, Lillian F. Mills, Forecasting Taxes: New Evidence from Analysts ［J］. The Accounting Review, 2017, 92 （03）：1 - 29.

［11］ Cai J, Harrison A. The Value - Added Tax Reform Puzzle ［J］. National Bureau of Economic Research, Inc, 2011.

［12］ Cen L., Edward L. M., Zhang L., Zuo L. Customer-supplier relationships and corporate tax avoidance ［J］. Journal of Financial Economics, 2017, 123 （02）：377 - 394.

［13］ Chen Y, He Z, Zhang L. The Effect of Investment Tax Incentives: Evidence from China's Value - Added Tax Reform ［J］. SSRN Electronic Journal, 2013.

［14］ Chen, F., O. K. Hope, Q. Y. Li, and W. Xin. Financial Reporting Quality and Investment Efficiency of Private Firms in Emerging Markets ［J］. The Accounting Review, 2011b, 86 （04）：1255 - 1288.

［15］ Chi S. S., Pincus M., Teoh S. H. Mispricing of Book - Tax Differences and the Trading Behavior of Short Sellers and Insiders Morton Pincus ［J］. The Accounting Research, 2014, 89 （02）：511 - 543.

［16］ Crocker, K. J., and J. Slemrod. Corporate Tax Evasion with Agency Costs ［J］. Journal of Public Economics, 2005, 89 （9 - 10）：1593 - 1610.

［17］ Cummins J G, Hassett K A, Hubbard R G. Tax reforms and investment: A cross-country comparison ［J］. Social Science Electronic Publishing, 2004.

［18］ Cummins J. G., Hassett K. A., Hubbard R. G., Hall R. E., Caballero R. J. A Reconsideration of Investment Behavior Using Tax Reforms as Natural Experiments ［J］. Brookings Papers on Economic Activity, 1994 （02）：1 - 74.

［19］ Dechow, P. , I. Dichev. The Quality of Accruals and Earnings: the Role of Accrual Estimation Errors ［J］. Accounting Review, 2002 (77): 35 – 59.

［20］ Desai M. A. , Dyck A. , Zingales L. , 2004, "Corporate Governance and Taxation", Working Paper, 2004 (31), 42 – 53.

［21］ Desai, M. , and Dharmapala, D. Corporate Tax Avoidance and Firm Value ［J］. The Review of Economics and Statistics, 2009 (91): 537 – 546.

［22］ Desai, M. , and Dharmapala, D. Corporate Tax Avoidance and High-powered Incentives ［J］. Journal of Financial Economics, 2006 (79): 145 – 179.

［23］ Desai, M. , Dyck, A. , and Zingales, L. Corporate Governance and Taxation, 2004, working paper.

［24］ Desai, M. , Dyck, A. , and Zingales, L. Theft and Taxes ［J］. Journal of Financial Economics, 2007, 84 (03): 591 – 623.

［25］ Doidge, C. , and Dyck, A. Taxes and Corporate Policies: Evidence from a Quasi Natural Experiment ［J］. Journal of Finance, 2015, 70 (01): 45 – 89.

［26］ Fama E. F. , French K. R. Taxes, financing decisions, and firm value ［J］. Finance, 1998 (53): 819 – 843.

［27］ George, T. J. , Hwang, Chuan – Yang. Long – Term Return Reversals: Overreaction or Taxes? ［J］. Journal of Finance. 2007 (62): 32.

［28］ Graham J. R. Taxes and Corporate Finance: A Review ［J］. Review of Financial Studies, 2003, 16 (04): 1075 – 1129.

［29］ Graham, J. R. . Do taxes affect corporate decisions? A review ［J］. Handbook of the Eco-nomics of Finance. 2013 (02): 123 – 210.

［30］ Guedhami O. , Pitman J. The importance of IRS monitoring to debt pricing in private firms ［J］. Journal of Financial Economics, 2008 (90): 38 – 58.

［31］ Hall R. E. , Jorgenson D. W. Tax Policy and Investment Behavior

[J]. American Economic Review, 1967, 57 (03): 391 – 414.

[32] Hanlon M., Heitzman S. A review of tax research [J]. Journal of Accounting and Economics, 2010 (50): 127 – 178.

[33] Hanlon M., Laplante S., Shevlin T. Evidence for the possible information loss of conforming book income and taxable income [J]. Journal of Law and Economics, 2005 (48): 407 – 442.

[34] Hanlon, M., and J. Slemrod. What does Tax Aggressiveness Signal? Evidence from Stock Price Reactions to News about Tax Shelter Involvement [J]. Journal of Public Economics, 2009, 93 (1 – 2): 126 – 141.

[35] Hasan I., Hoi C. K., Wu Q., Zhang H., Beauty is in the eye of the beholder: The effect of corporate tax avoidance on the cost of bank loans [J]. Journal of Financial Economics, 2014 (113): 109 – 130.

[36] Hassett K. A., Hubbard R. G. Tax Policy and Business Investment [J]. Handbook of Public Economics, 2002 (03): 1293 – 1343.

[37] Jacob Thomas, Frank X. Zhang, 2011, Tax Expense Momentum [J]. Journal of Accounting Reasearch, 2011, 49 (03), 791 – 821.

[38] Jacob Thomas, Frank Zhang. Valuation of Tax Expense [J]. Review of Accounting Review, 2014 (19): 1436 – 1467.

[39] Jorgenson D. W. Capital Theory and Investment Behavior [J]. The American Economic Review, 1963, 53 (02): 247 – 259.

[40] Karpoff, Jonathan M., and Michael D. Wittry. Institutional and legal context in natural experiments: The case of state antitakeover laws [J]. The Journal of Finance, 2018, 73 (02): 657 – 714.

[41] Kim, J. B., Y. Li, and L. Zhang. Corporate Tax Avoidance and Stock Price Crash Risk: Firm-level Analysis [J]. Journal of Financial Economics, 2011, 100 (03): 639 – 662.

[42] Lev B., Nissim D. Taxable Income, Future Earnings, and Equity Values [J]. The Accounting Review, 2004, 79 (04): 1039 – 1074.

[43] Lipe R. The Information Contained in the Components of Earnings

[J]. Journal of Accounting Research, 1986 (24): 37 – 68.

[44] Liu Y, Mao J. How do tax incentives affect investment and productivity? Firm-level evidence from China [J]. American Economic Journal: Economic Policy, 2019, 11 (03): 261 – 291.

[45] McNichols M. The Quality of Accruals and Earnings: The Role of Accrual Estimation Errors: Discussion. The Accounting Review: Supplement, 2002, 77, 61 – 69.

[46] Mironov M. Taxes, Theft and Firm Performance [J]. Journal of Finance, 2013 (30): 1441 – 1472.

[47] Mirrlees J. Tax by Design: The Mirrlees Review [M]. Oxford: Oxford University Press, 2011: 216 – 230.

[48] Myers S., McConnell J., Peterson A., Soter D., Stein J. Vanderbilt University round table on the capital structure puzzle [J]. Journal of Applied Corporate Finance, 1998 (11): 8 – 24.

[49] Myers, S., and N. Majluf. Corporate Financing and Investment Decisions When Firms Have Information that Investors do not have [J]. Journal of Financial Economics, 1984, 13 (02): 187 – 221.

[50] Ohlson J. A., Penman S. H. Disaggregated accounting data as explanatory variables for returns [J]. Journal of Accounting, Auditing & Finance, 1992 (07): 553 – 573.

[51] Philip B. Shane, Toby Stock, Security Analyst and Stock Market Efficiency in Anticipating Tax – Motivated Income Shifting, 2006, 86 (01): 227 – 250.

[52] Piggott J., Whalley J. VAT Base Broadening, Self Supply, and the Informal Sector [J]. The American Economic Review, 2001, 91 (04): 1084 – 1094.

[53] Pomeranz D. D. No Taxation without Information: Deterrence and Self – Enforcement in the Value Added Tax, The American Economic Review, 2015, 105 (8): 2539 – 2569.

［54］ Pomeranz D. No Taxation without Information： Deterrence and Self –
Enforcement in the Value Added Tax ［J］. American Economic Review, 2015,
105 （08）： 2539 – 2569.

［55］ Richardson, S. Over-investment of Free Cash Flow ［J］. Review of
Accounting Studies, 2006, 11 （2 – 3）： 159 – 189.

［56］ Roychowdhury, S. Earnings Management through Real Activities Ma-
nipulation. Journal of Accounting Economics, 2006, 42, 335 – 370.

［57］ Sabrina S. Chi, Morton Pincus, Siew Hong Teoh, Mispricing of
Book – Tax Differences and the Trading Behavior of Short Sellers and Insiders
Morton Pincus ［J］. The Accounting Research, 2014, 89 （02）, 511 – 543.

［58］ Schmidt, A. The Persistence, Forecasting, and Valuation Implica-
tions of the Tax Change Component of Earnings ［J］. The Accounting Review,
2006, 81 （03）： 589 – 616.

［59］ Shane P. B. , Stock T. Security Analyst and Stock Market Efficiency
in Anticipating Tax – Motivated Income Shifting ［J］. The Accounting Review,
2006, 86 （01）： 227 – 250.

［60］ Shawn Xiaoguang Chen. The effect of a fiscal squeeze on tax enforce-
ment： Evidence from a natural experiment in China ［J］. Journal of Public Eco-
nomics, 2017 （147）： 62 – 75.

［61］ Sialm C. Tax changes and asset prices ［J］. American Economic Re-
view, 2009 （99）： 1356 – 1383.

［62］ Skinner D. J. The rise of deferred tax assets in Japan： the role of def-
erred tax accounting in the Japanese banking crisis ［J］. Journal of Accounting
and Economics, 2008 （46）： 218 – 239.

［63］ Slemrod, Joel, Marsha Blumenthal, and Charles Christian. "Tax-
payer Response to an Increased Probability of Audit： Evidence from a Controlled
Experiment in Minnesota. " ［J］. Journal of Public Economics, 2001, 79 （03）：
455 – 483.

［64］ Slemrod, Joel. "Does It Matter Who Writes the Check to the Government? The Economics of Tax Remittance. "［J］. National Tax Journal，2008，61（02）：251 – 275.

［65］Thomas J. K.，Zhang F. Tax Expense Momentum［J］. Journal of Accounting Research，2011，49（03），791 – 821.

［66］Vergara R. Taxation and Private Investment：Evidence for Chile［J］. Applied Economics，2010，42（06）：717 – 725.

［67］Wang D. The Impact of the 2009 Value Added Tax Reform on Enterprise Investment and Employment：Empirical Analysis Based on Chinese Tax Survey Data，Working Paper，Available at：http：//wp. merit. unu. edu/publications/wppdf/2013/wang. pdf. 2013.

［68］Weber D. P. Do Analysts and Investors Fully Appreciate the Implications of Book – Tax Differences for Future Earnings？［J］. Contemporary Accounting Research，2009，26（04）：1175 – 1206.

［69］Yagan D. Capital Tax Reform and the Real Economy：The Effects of the 2003 Dividend Tax Cut［J］. American Economic Review，2015，105（12）：3531 – 3563.

［70］Zee H. VAT Treatment of Financial Services：A Primer on Conceptual Issues and Country Practices［J］. Inter – tax，2006，34（10）：458 – 474.

［71］Zhang L.，Chen Y.，He Z. The effect of investment tax incentives：evidence from China's value-added tax reform［J］. International Tax and Public Finance，2018，25（04）：913 – 945.

［72］Zwick，E.，Mahon，J. Tax Policy and Heterogeneous Investment Behavior［J］. American Economic Review，2017，107（01）：217 – 248.

［73］蔡春，李明，和辉. 约束条件、IPO 盈余管理方式与公司业绩——基于应计盈余管理与真实盈余管理的研究［J］. 会计研究，2013（10）：35 – 42，96.

［74］蔡宏标，饶品贵. 机构投资者、税收征管与企业避税［J］. 会计研究，2015（10）：59 – 65，97.

［75］蔡利，毕铭悦，蔡春. 真实盈余管理与审计师认知［J］. 会计研

究，2015 (11): 83 - 89, 97.

[76] 曹春方. 政治权力转移与公司投资：中国的逻辑 [J]. 管理世界，2013 (01): 143 - 155, 157, 156, 188.

[77] 曾爱民，张纯，魏志华. 金融危机冲击、财务柔性储备与企业投资行为——来自中国上市公司的经验证据 [J]. 管理世界，2013 (04): 107 - 120.

[78] 曾亚敏，张俊生. 税收征管能够发挥公司治理功用吗？ [J]. 管理世界，2009 (03): 143 - 151, 158.

[79] 陈东. 私营企业出资人背景、投机性投资与企业绩效 [J]. 管理世界，2015 (08): 97 - 119, 187 - 188.

[80] 陈晓光. 增值税有效税率差异与效率损失——兼议对"营改增"的启示 [J]. 中国社会科学，2013 (08): 67 - 84, 205 - 206.

[81] 陈艳艳，罗党论. 地方官员更替与企业投资 [J]. 经济研究，2012, 47 (S2): 18 - 30.

[82] 陈烨，张欣，寇恩惠，刘明. 增值税转型对就业负面影响的 CGE 模拟分析 [J]. 经济研究，2010, 45 (09): 29 - 42.

[83] 陈钊，王旸. "营改增"是否促进了分工：来自中国上市公司的证据 [J]. 管理世界，2016 (03): 36 - 45, 59.

[84] 程书强. 机构投资者持股与上市公司会计盈余信息关系实证研究 [J]. 管理世界，2006 (09): 129 - 136.

[85] 程新生，谭有超，刘建梅. 非财务信息、外部融资与投资效率——基于外部制度约束的研究 [J]. 管理世界，2012 (07): 137 - 150, 188.

[86] 程仲鸣，夏新平，余明桂. 政府干预、金字塔结构与地方国有上市公司投资 [J]. 管理世界，2008 (09): 37 - 47.

[87] 樊勇，李昊楠. 税收征管、纳税遵从与税收优惠——对金税三期工程的政策效应评估 [J]. 财贸经济，2020, 41 (05): 51 - 66.

[88] 樊勇. 增值税抵扣制度对行业增值税税负影响的实证研究 [J]. 财贸经济，2012 (01): 34 - 41.

[89] 范子英，彭飞. "营改增"的减税效应和分工效应：基于产业

互联的视角 [J]. 经济研究, 2017, 52 (02): 82 - 95.

[90] 范子英, 田彬彬. 税收竞争、税收执法与企业避税 [J]. 经济研究, 2013, 48 (09): 99 - 111.

[91] 方红星, 张勇. 供应商/客户关系型交易、盈余管理与审计师决策 [J]. 会计研究, 2016 (01): 79 - 86, 96.

[92] 付文林, 赵永辉. 税收激励、现金流与企业投资结构偏向 [J]. 经济研究, 2014, 49 (05): 19 - 33.

[93] 盖地. 增值税会计: 税法导向还是财税分离 [J]. 会计研究, 2008 (06): 46 - 53, 95.

[94] 干福钦. 新增值税理论与实务 [M]. 北京: 中国财政经济出版社, 1994.

[95] 高培勇. 加快值税转型全面推开的进程 [J]. 中国财政, 2008 (1).

[96] 顾乃康, 邓剑兰, 陈辉. 控制大股东侵占与企业投融资决策研究 [J]. 管理科学, 2015, 28 (05): 54 - 66.

[97] 胡志颖, 周璐, 刘亚莉. 风险投资、联合差异和创业板IPO公司会计信息质量 [J]. 会计研究, 2012 (07): 48 - 56, 97.

[98] 江希和, 王水娟. 企业研发投资税收优惠政策效应研究 [J]. 科研管理, 2015, 36 (06): 46 - 52.

[99] 姜付秀, 伊志宏, 苏飞, 黄磊. 管理者背景特征与企业过度投资行为 [J]. 管理世界, 2009 (01): 130 - 139.

[100] 金宇超, 靳庆鲁, 宣扬. "不作为"或"急于表现": 企业投资中的政治动机 [J]. 经济研究, 2016, 51 (10): 126 - 139.

[101] 李成, 张玉霞. 中国"营改增"改革的政策效应: 基于双重差分模型的检验 [J]. 财政研究, 2015 (02): 44 - 49.

[102] 李林木, 汪冲. 税费负担、创新能力与企业升级——来自"新三板"挂牌公司的经验证据 [J]. 经济研究, 2017, 52 (11): 119 - 134.

[103] 李万福, 林斌, 宋璐. 内部控制在公司投资中的角色: 效率促进还是抑制? [J]. 管理世界, 2011 (02): 81 - 99, 188.

［104］李焰，秦义虎，张肖飞．企业产权、管理者背景特征与投资效率［J］．管理世界，2011（01）：135－144．

［105］李永友，严岑．服务业"营改增"能带动制造业升级吗？［J］．经济研究，2018，53（04）：18－31．

［106］李增福，董志强，连玉君．应计项目盈余管理还是真实活动盈余管理？——基于我国2007年所得税改革的研究［J］．管理世界，2011（01）：121－134．

［107］林洲钰，林汉川，邓兴华．所得税改革与中国企业技术创新［J］．中国工业经济，2013（03）：111－123．

［108］刘柏，王馨竹．"营改增"对现代服务业企业的财务效应——基于双重差分模型的检验［J］．会计研究，2017（10）：11－17，96．

［109］刘建民，唐红李，吴金光．营改增全面实施对企业盈利能力、投资与专业化分工的影响效应——基于湖南省上市公司 PSM－DID 模型的分析［J］．财政研究，2017（12）：75－88．

［110］刘骏，刘峰．财政集权、政府控制与企业税负——来自中国的证据［J］．会计研究，2014（01）：21－27，94．

［111］刘啟仁，赵灿，黄建忠．税收优惠、供给侧改革与企业投资［J］．管理世界，2019，35（01）：78－96，114．

［112］刘行，叶康涛．企业的避税活动会影响投资效率吗？［J］．会计研究，2013（06）：47－53，96．

［113］刘行，叶康涛．增值税税率对企业价值的影响：来自股票市场反应的证据［J］．管理世界，2018，34（11）：12－24，35，195．

［114］刘行，赵健宇．税收激励与企业创新——基于增值税转型改革的"准自然实验"［J］．会计研究，2019（09）：43－49．

［115］刘怡，侯思捷，耿纯．增值税还是企业所得税促进了固定资产投资——基于东北三省税收政策的研究［J］．财贸经济，2017，38（06）：5－16，114．

［116］陆正飞，王春飞，王鹏．激进股利政策的影响因素及其经济后果［J］．金融研究，2010（06）：162－174．

［117］罗宏，陈丽霖．增值税转型对企业融资约束的影响研究［J］．会计研究，2012（12）：43－49，94.

［118］吕冰洋，郭庆旺．中国税收高速增长的源泉：税收能力和税收努力框架下的解释［J］．中国社会科学，2011（02）：76－90，221－222.

［119］吕冰洋，李峰．中国税收超 GDP 增长之谜的实证解释［J］．财贸经济，2007（03）：29－36，128.

［120］吕长江，张海平．股权激励计划对公司投资行为的影响［J］．管理世界，2011（11）：118－126，188.

［121］马双，吴夕，卢斌．政府减税、企业税负与企业活力研究——来自增值税转型改革的证据［J］．经济学（季刊），2019，18（02）：483－504.

［122］毛德凤，彭飞，刘华．税收激励对企业投资增长与投资结构偏向的影响［J］．经济学动态，2016（07）：75－87.

［123］倪婷婷，王跃堂．增值税转型、集团控制与企业投资［J］．金融研究，2016（01）：160－175.

［124］倪婷婷，王跃堂．增值税转型与企业投资价值相关性——基于集团控制与产权视角的分析［J］．经济学动态，2016（07）：88－97.

［125］聂辉华，方明月，李涛．增值税转型对企业行为和绩效的影响——以东北地区为例［J］．管理世界，2009（05）：17－24，35.

［126］潘文轩．增值税扩围改革有助于减轻服务业税负吗？——基于投入产出表的分析［J］．经济与管理，2012，26（02）：51－54.

［127］钱晓东．"营改增"、税负转嫁能力与企业投资价值相关性［J］．当代财经，2018（06）：113－123.

［128］乔睿蕾，陈良华．税负转嫁能力对"营改增"政策效应的影响——基于现金—现金流敏感性视角的检验［J］．中国工业经济，2017（06）：117－135.

［129］屈文洲，谢雅璐，叶玉妹．信息不对称、融资约束与投资：现金流敏感性——基于市场微观结构理论的实证研究［J］．经济研究，2011，46（06）：105－117.

［130］申广军，陈斌开，杨汝岱．减税能否提振中国经济？——基于

中国增值税改革的实证研究 [J]. 经济研究，2016，51 (11)：70-82.

[131] 申慧慧，于鹏，吴联生. 国有股权、环境不确定性与投资效率 [J]. 经济研究，2012，47 (07)：113-126.

[132] 施文泼，贾康. 增值税"扩围"改革与中央和地方财政体制调整 [J]. 财贸经济，2010 (11)：46-51，145.

[133] 宋丽颖，杨潭，钟飞. 营改增后企业税负变化对企业经济行为和绩效的影响 [J]. 税务研究，2017 (12)：84-88.

[134] 孙晓华，张竣喃，郑辉. "营改增"促进了制造业与服务业融合发展吗 [J]. 中国工业经济，2020 (08)：5-23.

[135] 孙正，陈旭东，雷鸣. 增值税减税提升了中国资本回报率吗 [J]. 南开管理评论，2020，23 (06)：157-165.

[136] 田志伟，胡怡建. "营改增"对财政经济的动态影响：基于 CGE 模型的分析 [J]. 财经研究，2014，40 (02)：4-18.

[137] 童锦治，苏国灿，魏志华. "营改增"、企业议价能力与企业实际流转税税负——基于中国上市公司的实证研究 [J]. 财贸经济，2015 (11)：14-26.

[138] 童盼，陆正飞. 负债融资、负债来源与企业投资行为——来自中国上市公司的经验证据 [J]. 经济研究，2005 (05)：75-84，126.

[139] 万华林，朱凯，陈信元. 税制改革与公司投资价值相关性 [J]. 经济研究，2012，47 (03)：65-75.

[140] 王建平. 适度降低增值税的总体税负水平 [N]. 中国税务报，2005.

[141] 王剑锋. 中央集权型税收高增长路径：理论与实证分析 [J]. 管理世界，2008 (07)：45-52.

[142] 王珮，董聪，徐潇鹤，文福生. "营改增"对交通运输业上市公司税负及业绩的影响 [J]. 税务研究，2014 (05)：8-12.

[143] 王玉兰，李雅坤. "营改增"对交通运输业税负及盈利水平影响研究——以沪市上市公司为例 [J]. 财政研究，2014 (05)：41-45.

[144] 魏明海，柳建华. 国企分红、治理因素与过度投资 [J]. 管理

世界，2007（04）：88 – 95.

［145］武志勇，王鸿博，李春波．营改增对服务外包企业投资效应及税负转嫁的影响［J］.税务研究，2018（08）：43 – 48.

［146］辛清泉，林斌，王彦超．政府控制、经理薪酬与资本投资［J］.经济研究，2007（08）：110 – 122.

［147］行伟波．税收激励、资本价格与投资行为——基于中国省级面板数据的实证分析［J］.世界经济文汇，2012（04）：105 – 120.

［148］徐业坤，钱先航，李维安．政治不确定性、政治关联与民营企业投资——来自市委书记更替的证据［J］.管理世界，2013（05）：116 – 130.

［149］许伟，陈斌开．税收激励和企业投资——基于 2004～2009 年增值税转型的自然实验［J］.管理世界，2016（05）：9 – 17.

［150］杨龙见，李世刚，刘盛宇，尹恒．增值税留成会影响企业产能利用率吗？［J］.经济学（季刊），2019，18（04）：1397 – 1418.

［151］叶康涛，刘行．税收征管、所得税成本与盈余管理［J］.管理世界，2011（05）：140 – 148.

［152］袁从帅，刘晔，王治华，刘睿智．"营改增"对企业投资、研发及劳动雇佣的影响——基于中国上市公司双重差分模型的分析［J］.中国经济问题，2015（04）：3 – 13.

［153］张克中，欧阳洁，李文健．缘何"减税难降负"：信息技术、征税能力与企业逃税［J］.经济研究，2020，55（03）：116 – 132.

［154］张信东，于静．企业投资主导要素研究［J］.科研管理，2018，39（02）：125 – 134.

［155］郑志刚．法律外制度的公司治理角色——一个文献综述［J］.管理世界，2007（09）：136 – 147，159.

［156］周黎安，刘冲，厉行．税收努力、征税机构与税收增长之谜［J］.经济学（季刊），2012，11（01）：1 – 18.

［157］周黎安，张维迎，顾全林，汪淼军．企业生产率的代际效应和年龄效应［J］.经济学（季刊），2007（04）：1297 – 1318.